Mateo Belgrano

Mateo Belgrano

Resistir la cicuta

La "utilidad" de la filosofía en el siglo XXI

sb

Madrid - Santiago - Montevideo - Asunción - Lima - Buenos Aires - Bogotá - México

Belgrano, Mateo
  Resistir la cicuta : la "utilidad" de la filosofía en el siglo XXI / Mateo Belgrano ; Prólogo de Martín Buceta. - 1a ed. - Ciudad Autónoma de Buenos Aires : SB, 2025.
  94 p. ; 23 x 16 cm.

  ISBN 979-13-87697-08-2

  1. Filosofía Contemporánea. I. Buceta, Martín , prolog. II. Título.
  CDD 190

ISBN: 979-13-87697-08-2

Primera edición, abril 2025

© 2025, Mateo Belgrano
© 2025, Sb Editorial

España: Calle Azafrán 9 - Majadahonda - 28222 Madrid
  www.editorialsb.com • ventas@editorialsb.com • +34 695 70 03 95
Argentina: Salta 188, Piso 3 - C1070AAC Ciudad Autónoma de Buenos Aires
  www.editorialsb.com • ventas@editorialsb.com • +54 9 11 3012-7592
México: Antonio Sola 20 - Colonia Condesa - Cuauhtémoc - 06140 Ciudad de México
  www.editorialsb.com.mx • ventas@editorialsb.com.mx • +52 55 4925 9309

Director general: Andrés C. Telesca (andres.telesca@editorialsb.com)
Diseño de cubierta e interior: Cecilia Ricci (riccicecilia2004@gmail.com)
Corrección: Marjorie Flores

Índice

Agradecimientos

De la nada, nada sale, y este libro no es una excepción. El texto que tienen ante sus ojos lejos está de ser un producto exclusivo de mi corteza prefrontal, sino que recoge discusiones, ideas, conversaciones y colaboraciones con distintos y distintas colegas como Martín Buceta, Magdalena Cámpora, Francisco Diez Fischer, Martín Grassi, Joaquín Jasminoy, Lucía Puppo, Federico Raffo Quintana, Juan Torbidoni, entre otros. El primer paso para resistir la cicuta, creo, es ponernos a conversar. Les agradezco su oído y generosidad.

PRÓLOGO

La pregunta por la utilidad y el lugar de la filosofía en las sociedades no es nueva, sino que ha existido desde siempre en la historia. Esto está muy bien señalado por Mateo Belgrano cuando, en un giro casi cómico, nos recuerda que Tales de Mileto se convertía en el hazmerreír de sus conciudadanos por caer en un pozo mientras deambulaba perdido en la observación de los cuerpos celestes (p. 14). No obstante, en la actualidad, esta inquietud cobra una importancia *capital* (esta palabra no es elegida al azar), ya que, a la pregunta por la utilidad, por el rol, por el lugar propio de la filosofía, se le agrega la cuestión imperante de la productividad entendida, principalmente, en relación con la posibilidad de la monetización de lo producido. En otras palabras, ya no alcanza con preguntar por la utilidad o el rol de la filosofía, sino que ahora, además, se le exige a esta que *rinda cuentas,* en tanto pueda ser traducida en valor monetario, en tanto pueda ser vendida, o, dicho de un modo mucho más actual, en tanto pueda "hacerse plata".

Esta exigencia de productividad y correspondiente monetización deja en evidencia la jerarquía de valores de hecho de la sociedad actual, donde el dinero es amo y señor de los destinos humanos y, en particular, de sus prácticas. Desarticular una creencia de tal magnitud no es una tarea sencilla ni realizable en el prólogo de un libro. Pero sí es posible señalar que el texto en que está a punto de sumergirse el lector luchará, entre otras, esa pelea.

Este libro tiene carácter de manifiesto, no solo por su asertividad y simpleza a la hora de sostener sus ideas, sino también por su carácter de denuncia. En sus páginas asistimos a una voz que grita que algo no está bien o no es como se piensa. Este grito que dice "no" va delimitando, de modo implícito, cuál es el lugar de la filosofía en las sociedades democráticas actuales. En cada capítulo que lo conforma, se puede advertir la voz fuerte y clara de Belgrano que se alza para señalar aquello que debe ser denunciado. En el primer ensayo sobre "La inútil inutilidad de la filosofía" se muestra que, frente aquellos que la acusan de inservible, la filosofía y sus reflexiones pueden proveer herramientas conceptuales y razonamientos que permiten, incluso, hasta resolver casos criminales. Lejos de ser un pensamiento que se complace en sí mismo sin ningún tipo de utilidad práctica, Belgrano nos muestra que la filosofía tiene aplicaciones directas para dirimir cuestiones de nuestra cotidianeidad, no es, por lo tanto, inútil. En el siguiente apartado, el autor cuestiona el lugar común de la filosofía como "madre de todas las ciencias", que esconde una supuesta superioridad de la primera sobre las segundas, y propone entenderla como hermana, es decir, como colaboradora en la adquisición de conocimiento. "El humanista maquínico", tercer capítulo del libro, alza la voz contra un sistema que intenta industrializar la actividad reflexiva de la filosofía, sometiéndola a estándares de productividad que nada tienen que ver con su quehacer particular. El grito del autor aquí advierte sobre el peligro de esta mecanización del trabajo reflexivo y sus consecuencias al ser sometido a un paradigma de rendimiento propio de la productividad industrial. En el capítulo titulado "Matar al genio", Belgrano combate la falsa idea de que los genios son quienes hacen avanzar el pensamiento gracias a ciertos arranques de creatividad propios de algunos iluminados. Allí el autor nos muestra que la evolución del pensamiento humano depende de una delicada y concertada tarea de muchos que trabajan –como decía Deleuze– modesta y arduamente pensando lo que otros han dicho. Aquí el grito de Belgrano es una denuncia contra quienes desfinancian el sistema científico-tecnológico, un grito ya no solo de enojo sino también atravesado por la tristeza y por la amarga certeza de que, como dice él, "en un país donde no se riega la reflexión, no florecerá nunca el pensamiento propio" (p. 55).

En "Esos raros mitos nuevos", el autor discute la falsa idea de que solo se tiene que promover y financiar aquellas propuestas útiles (en términos monetarios) de pensamiento, es decir, aquellas que son funcionales a un aparato productivo o a las modas propias de una época. La filosofía ha sido siempre –y lo sigue siendo– una reflexión que provee de un aparato conceptual crítico a los individuos y a las sociedades que propicia la construcción de democracias fuertes, en tanto posibilitan la discusión y el análisis crítico de los discursos imperantes. Por esto, frente a los mitos actuales como la posverdad y la fe ciega en la inteligencia artificial (analizados por Belgrano), el autor refuerza la necesidad de fomentar el análisis, el debate y la argumentación, como herramientas clave para combatir la estupidización que amenaza las sociedades. "La estupidez artificial", anteúltimo capítulo, es una reivindicación del acontecimiento frente a la creciente automatización de la vida mediatizada por los dispositivos tecnológicos que se apropian de nuestro acercamiento a la realidad y conducen delicadamente nuestras decisiones. La filosofía ha dirigido siempre su mirada al acontecimiento que acoge la novedad y la ruptura de la habitualidad. Ella es en sí misma también un acto creativo, no automatizado, disruptivo, que rompe con lo predecible y calculable y manifiesta lo propio humano no maquínico. El último capítulo, "¡Viva la filosofía carajo!", defiende el rol desideologizante propio de la filosofía. Frente a discursos obtusos, fanáticos, que hacen peligrar la convivencia democrática y la continuidad de la vida, la filosofía es reivindicada por Belgrano como una práctica emancipatoria que lejos de propiciar cualquier mesianismo elabora las bases para la construcción de un tejido social robusto que debe su fuerza al fomento constante del análisis, el pensamiento crítico y la argumentación, todas ellas en el marco de una discusión democrática.

Este manifiesto que nos invita a "resistir la cicuta" no es ajeno al contexto urgente en que se pronuncia. La práctica filosófica y, en particular, el financiamiento de la filosofía en la actualidad de nuestro país, están fuertemente cuestionados. Se exige a los investigadores en humanidades que sean productivos en términos monetarios. Tienen que generar dinero porque "no hay plata". Esta exigencia deja en evidencia la posición dominante del dinero y del poder en las sociedades actuales. Sociedades donde el rédito y la producción constituyen los valores y las varas con las que todo es medido, sociedades inhumanas por definición en tanto que son dirigidas por el mercado (que no hace falta decirlo, no es humano). Entonces, esta exigencia de ser redituables, productivos en términos monetarios, por burda que parezca a muchos, es preciso que sea respondida y rebatida. Una vez más el filósofo debe legitimar su práctica y la necesidad de su reflexión para el sostenimiento y la construcción de sociedades humanas. *Resistir la cicuta* no es otra cosa que eso, un manifiesto argumentado frente a los venenos que quieren dar fin a esta práctica.

Martín Buceta

INTRODUCCIÓN

Hace dos mil quinientos años caía el sol en Atenas y la hora de Sócrates se acercaba. Rodeado de sus fieles discípulos, hasta último momento intentaba escudriñar los secretos del universo, discutiendo con sus amigos la inmortalidad del alma. El carcelero llegó a anunciar que se acercaba la hora señalada. Sócrates, mirando la tarde caer, asintió. Lo quisieron convencer de que espere un poco más, que aún había tiempo para continuar la última tertulia. Pero ¿qué sentido tiene evitar lo inevitable? El destino siempre nos alcanza. Podemos acompañar su paso, o inútilmente resistirnos y ser arrastrados por él. El guardia regresó con una copa entre sus manos. Sócrates la tomó, inhaló profundamente y bebió su destino. Pero nada sucedió inmediatamente. Sócrates abrió los ojos y miró a sus amigos. "¿Por qué lloran? Estén tranquilos y muéstrense fuertes". Comenzó, como si nada, a pasear por la celda, exponiendo no sé qué cuestión que había quedado pendiente sobre la naturaleza del alma. Pasados unos minutos, mientras discutía con Critón, fue a la cama a sentarse. Las piernas le comenzaban a pesar y comenzó a sentir un hormigueo que preanunciaba el final. Se tumbó en la cama y fue como si hubiese caído un monumento. Lentamente, el cuerpo vivo de Sócrates se tornaba escultórico, casi como si fuera de mármol. Primero sus piernas se pusieron rígidas, luego sus manos se congelaron. Y justo antes de quedar paralizado por completo, balbuceó: "Le debemos un gallo a Esculapio. No se olviden de pagarle". Y habiendo salido estas palabras de su boca, sus ojos quedaron petrificados.

La cicuta ha pasado a la historia como la verduga de la filosofía. Su fama se debe a que ha sido el veneno que dio muerte a Sócrates, la figura más emblemática, mal que le pese a Nietzsche, de la filosofía. Sócrates, bautizado el tábano de Atenas, importunaba y ridiculizaba a los grandes poderosos de la *polis* con sus preguntas extravagantes. A los jueces les preguntaba qué era la justicia, a los políticos qué era el poder, a los artistas qué era la belleza, y siempre caían en contradicciones y los dejaba en ridículo. Aquellos supuestos sabios mostraban sus pies de barro. El filósofo deambulaba por las calles, incomodando a sus conciudadanos con sus interrogantes como el tábano que no deja dormir al buey. De esta forma, Sócrates acicateaba a los ciudadanos atenienses para que no aceptaran formas de vida establecidas simplemente por hábito y costumbre. Su misión era despertar a todo aquel que viviera dormido. Habiendo cosechado enemigos durante toda su vida, Sócrates fue acusado de no respetar a los dioses y corromper a los jóvenes. La historia ya es conocida. Luego de una memorable, pero insuficiente defensa, Sócrates fue condenado a beber la cicuta, el veneno mortal que dio por terminada su vida. Y mientras el veneno corría por su garganta, su legado se inmortalizaba para siempre.

La cicuta ha tomado distintas formas a lo largo de los siglos. Giordano Bruno, por ejemplo, fue perseguido por la Inquisición por haber osado a decir que el universo era infinito, lo que le valió morir en la hoguera. Baruch Spinoza fue expulsado de la comunidad judía de Ámsterdam por sus ideas heréticas sobre la naturaleza de Dios, la autenticidad de la Biblia hebrea y su cuestionamiento de la autoridad rabínica. Karl Marx tuvo que exiliarse varias veces a lo largo de su vida por sus ideas revolucionarias. Hace unos años ya que la Filosofía y las Humanidades y Ciencias Sociales, en general, sufren en la Argentina el envenenamiento de la cicuta por cuentagotas. Los venenos se han vuelto más sutiles, más eficaces y menos teatrales. Desde hace algunos años, de la mano de ciertos recortes en CONICET, se inició una campaña de desprestigio que lentamente fue erosionando la legitimidad de la Filosofía, las Humanidades y las Ciencias Sociales, particularmente haciendo énfasis en el gasto "inútil" que significan las investigaciones en estos campos. Muchos investigadores fueron escrachados en redes sociales con nombre y apellido por estar trabajando en temas, según el "sentido común" (y no según los rigurosos criterios por pares a los que se someten los académicos), irrelevantes y ridículos, sin un uso tangible. Sin considerar la calidad académica de los investigadores y el valor a largo plazo de sus estudios, se los descarta por no producir resultados tangibles como las Ciencias Naturales y Exactas (que también es un prejuicio, dado que no siempre los generan). Una masa iracunda teclea en sus pantallas: ¿por qué el Estado debería financiar investigaciones científicas y más específicamente investigaciones en Humanidades y Ciencias Sociales? ¿Se debe invertir el dinero recaudado de los impuestos en un individuo que investiga algo tan inútil como la filosofía del arte en Martin Heidegger?

Pero el nivel de cicuta en sangre parece haber llegado a límites insostenibles y la estocada final se vislumbra inminente. Daniel Salamone, el presidente de CONICET de la gestión Milei, afirmó que el organismo "tiene que premiar investigaciones necesarias; a veces los científicos buscamos temas sexies" (Salamone, 2023). Salamone divide como el mar Rojo la ciencia: por un lado, los temas necesarios, útiles, fundamentales; por el otro, donde generalmente caen las humanidades, los temas "sexies", interesantes pero innecesarios, frutos del ocio, un lujo que hoy la Argentina no puede darse. Pero ¿con qué criterios determinamos qué es útil, qué es necesario y estratégico, y qué es sexy e inútil? La lógica del funcionario parece ser lisa y llanamente mercantilista y económica: disciplinas que no generan productos a corto plazo monetizables no son dignas de financiación. El mismo Salamone sostiene que el CONICET debe ser una "incubadora de empresas" y tiene que priorizar aquellas líneas de investigación que "generen divisas" (Salamone, 2023). El conocimiento parece estar atado a su rentabilidad económica inmediata. En este contexto, la filosofía, junto a las humanidades, está destinada al ostracismo o, peor aún, a su desaparición.

Por supuesto que este no es un fenómeno exclusivamente argentino. En España la filosofía dejó de ser obligatoria en las escuelas secundarias y lentamente fue desapareciendo de la currícula. Profesores y estudiantes se levantaron en protesta argumentando que la ausencia de esta disciplina solamente traerá un empobrecimiento intelectual del alumnado. En esta línea, en México, la Secretaría de Educación Pública, para preparar "mejor" a los estudiantes para el mundo laboral, decidió en 2008 quitar la filosofía de las disciplinas fundamentales. Algo similar sucedió en Colombia, donde en el año 2012 la ICFES (Instituto Colombiano para la Evaluación de la Educación) eliminó la filosofía de las pruebas Saber 11, una prueba estandarizada que se realiza al final de la educación media. Un grupo de profesores de la Licenciatura de Filosofía de la Universidad Pedagógica respondió contundentemente con un "Manifiesto" en el que denunciaba que para la filosofía, "en la práctica, dicha modificación significaba su asesinato" (Universidad Pedagógica Nacional, 2014). En 2019, Bolsonaro anunció el desfinanciamiento de carreras como Filosofía y Sociología porque no generan un retorno significativo a la sociedad y que invertiría el dinero de los contribuyentes en disciplinas que formen a los ciudadanos para empleos más solicitados en el mundo laboral. Más recientemente, en Uruguay, la reforma educativa de Pablo da Silveira, ministro de Educación y Cultura del gobierno de Luis Lacalle Pou, recortó fuertemente las horas de Filosofía en la enseñanza media. Su justificación fue aún más alarmante: "una parte muy importante de nuestros docentes no puede leer un texto simple y entenderlo" (El Observador, 2023). En Europa, el Estado ha ido retirando inversiones en universidades y centros de investigación para las humanidades, haciendo imposible su desarrollo. Países como Italia y Francia, de una tradición filosófica de larga data, han recortado significativamente los presupuestos en facultades de Filosofía. En Estados Unidos, departamentos de humanidades se cierran cada vez más. A lo largo del mundo, la filosofía agoniza.

Algunos interpretarán este encumbramiento del *homo oeconomicus* como un síntoma contemporáneo del fuerte resurgimiento del neoliberalismo en los últimos tiempos. Claramente, no es indiferente a este fenómeno. Sin embargo, la acusación es tan antigua como la misma filosofía. En textos como *Gorgias,* Calicles acusa a Sócrates de dedicarse a cosas de poca importancia como la filosofía, entretenimiento trivial, digno de un joven en formación, pero impropio de un adulto que debe conocer cómo llevar los negocios. Así como cuando vemos a un niño jugar, nos produce una sonrisa, lo mismo le sucede a Calicles cuando ve a jóvenes practicar la filosofía. Pero cuando ve a un hombre ya adulto filosofando, dice el político griego, le parece no solo ridículo sino digno de azotes. Un hombre hecho y derecho, maduro, debe dejar estas tonterías y dedicarse a los asuntos comerciales. Y finalmente le aconseja: "Pero, amigo, hazme caso: *cesa de argumentar, cultiva el buen concierto de los negocios* y cultívalo en lo que te dé reputación de hombre sensato; *deja a otros esas ingeniosidades,* que más bien es preciso llamar insulseces o charlatanerías, *por las que habitarás en una casa vacía*" (486c-d). Como vemos, la idea de que haciendo filosofía uno "morirá de hambre" –a todos los que nos dedicamos a este saber nos lo han dicho– tiene antiguas raíces.

Este tipo de acusaciones se han repetido a lo largo de la historia innumerables momentos. Mucho antes de Sócrates, el pueblo se reía de Tales de Mileto, que, olvidando los quehaceres terrenales, cayó en un pozo por mirar el cielo. El filósofo francés Michel de Montaigne exclamaba hace más de seiscientos años: "es muy notable que las cosas en nuestro siglo hayan llegado al punto de que la filosofía sea, aún para la gente de entendimiento, un nombre vano y fantástico, que se considera nula utilidad y nulo valor" (Montaigne, 2007, p. 206). El pensador alemán Martin Heidegger, cinco siglos después, ve que en su tiempo difícilmente la filosofía, lo inútil, pueda florecer: "Lo más útil es lo inútil. Pero experienciar lo inútil es lo más difícil para el ser humano actual. En ello se entiende lo «útil» como lo usable prácticamente, inmediatamente para fines técnicos, para lo que consigue algún efecto con el cual pueda yo hacer negocios y producir" (Heidegger, 2007b, p. 222). El sujeto contemporáneo, empujado por el ajetreo propio del capitalismo, difícilmente "tenga tiempo" de apreciar lo inútil. Ayer y hoy, por su incapacidad de generar resultados tangibles, se ha relegado a la filosofía a un segundo plano.

Curiosamente, y a contrapelo de estas medidas, en el 2023 la Filosofía fue declarada área estratégica en el Programa de Becas Manuel Belgrano (junto con Alimentos, Ambiente, Computación e Informática, Petróleo y Gas, entre otras). Este programa financia becas de estudio para que jóvenes de bajos ingresos puedan realizar una carrera universitaria de grado en un área "estratégica" para el desarrollo del país. Uno de los argumentos esgrimidos por las autoridades fue que la filosofía es fundamental para el desarrollo del pensamiento crítico y la creación conceptual, lo que permite transformaciones de envergadura en nuestra sociedad. Jaime Perczyk, ministro de Educación de la Nación en ese momento, declaraba que "se suma Filosofía como nueva sublínea estratégica porque creemos que nos va a servir para la Argentina en términos de servicio. Nos parece que la Filosofía y sus estudiantes harán un aporte muy grande al país, para que sea más justo y más federal" (Argentina.gob.ar, 2023). ¿Es la filosofía una disciplina "estratégica" para el desarrollo de un país o más bien una mera actividad ociosa? ¿Es la filosofía útil para la sociedad o es meramente un regodeo intelectual? ¿Debería el Estado financiar y promover la investigación filosófica? ¿Tiene sentido gastar dinero en actividades que no generan rédito económico directo? ¿Debería priorizarse exclusivamente el desarrollo de las áreas de conocimiento que generan ganancias comerciales? ¿La filosofía puede generar beneficios para un país a largo plazo que no necesariamente se traducen en valores monetarios? Creo que solamente intentando responder estas preguntas, podemos escapar del cruel veneno que insisten en derramar por nuestras gargantas.

LA INÚTIL INUTILIDAD DE LA FILOSOFÍA[1]

> " La respuesta según la cual la grandeza de la filosofía estribaría precisamente en que no sirve para nada, constituye una coquetería que ya no divierte ni a los jóvenes".
>
> **Deleuze y Guattari**

Los filósofos hemos sido siempre nuestros peores publicistas. Quizá Deleuze tenía razón en que la filosofía y el *marketing* son esencialmente enemigos. Durante siglos nos han hecho repetir como mantra que la filosofía "no sirve para nada" ante la perplejidad de nuestros alumnos y alumnas. Pero entonces, "¿para qué estudiamos esto?", preguntan desconcertados. Alzando la nariz, los miramos con pena, esas pobres almas corrompidas por la lógica productivista y utilitaria, atadas con sus cadenas al fondo de una caverna que no llegan ni a vislumbrar. Nos inflamos el pecho ante nuestra supuesta inutilidad y nuestra indiferencia ante lo "mundano". No por nada Nietzsche nos caracterizó como los más orgullosos entre los seres humanos (Nietzsche, 2008, p. 26). En la fortaleza del ocio somos intocables al vulgar mundo del negocio e inmunes a sus tentaciones. Superiores al común de los mortales, condenados al ajetreo del día a día, trabajamos en cuestiones en las que la mayoría no piensa, y que por lo general desprecia. Tratamos sobre aquello que, decimos hoy, el capitalismo

---

1 Una versión preliminar de este capítulo fue publicada en Belgrano (2025).

deja de lado, aquello que en la lógica del cálculo no cuadra, aquello para lo cual en el trajín del día a día no hay tiempo. Somos nosotros aquellos iluminados, aquellos privilegiados, aquellos mártires, que, capaces de aislarnos de todo, podemos sumergir nuestras manos en las profundidades de lo real. Somos inútiles para un sistema que vive equivocado.

El germen de esta idea de la inutilidad de la filosofía es absolutamente elitista y aristocrático. Platón distinguía en el *Teeteto* dos tipos de saberes en relación con dos tipos de seres humanos: aquellos individuos libres y los esclavos. Los hombres libres son aquellos dignos del más alto conocimiento filosófico. Los esclavos, en cambio, eran aquellos a los que les correspondía el saber servil, utilitario. Los hombres libres, no atados a los quehaceres cotidianos para la supervivencia (el negocio), dado que son los esclavos los que están detrás de escena para asegurar el sustento, tienen tiempo de sobra para dedicarse al ocio. ¿Quién puede filosofar cuando hay que preocuparse por llevar la comida a la mesa, comprar los pañales, pagar las cuentas, el seguro del auto y el colegio de los chicos? Los hombres libres "disfrutan del tiempo libre al que tú hacías referencia y sus discursos los componen en paz y en tiempo de ocio. [...] Y no les preocupa nada la extensión o la brevedad de sus razonamientos, sino solamente alcanzar la verdad. Los otros, en cambio, siempre hablan con la urgencia del tiempo, pues les apremia el flujo constante del agua"[2] (*Teet.* 172d-e). Por supuesto que estas dos categorías no deben entenderse literalmente (los jóvenes más ricos pueden comportarse como esclavos, serviles al mundo de la política y los negocios), pero detrás de esta caracterización hay una fuerte mirada de clase, donde la filosofía es un saber "noble", propio de la aristocracia. En la *República* esta distinción adquiere una dimensión heroica: nosotros los filósofos, los que hemos visto y oído el afuera de la caverna, debemos liberar al vulgo de sus cadenas.

En Aristóteles hay un matiz diferente. La filosofía no es inútil, sino que no es una ciencia productiva, que no es exactamente lo mismo. No adquirimos este saber para producir algo, sino que se busca por el saber mismo. El conocimiento teórico busca la verdad por sí misma, a diferencia de lo que Aristóteles llama el conocimiento *poiético*, que adquiere el conocimiento para producir algo. Mientras que el primero es un fin en sí mismo, el segundo tiene sentido en tanto que realiza un fin externo a ese saber. El arquitecto adquiere su saber para erigir edificios y este será efectivo en tanto que pueda construir aquello que se propone. De la misma manera, se estudia medicina para poder curar el cuerpo humano, no por mera curiosidad. La filosofía no está al servicio de un fin práctico inmediato, como el saber del arquitecto, del médico, o del

---

2 Se refiere a la clepsidra, un reloj de agua que se utilizaba en la época.

carpintero. A diferencia de estas disciplinas, que son saberes instrumentales, la filosofía es un fin, no un medio. Queremos adquirir el conocimiento de la arquitectura porque nos conduce a otra cosa, a construir casas. El saber filosófico busca algo, la sabiduría, pero que queremos por sí misma, no para algo más. Por ello, la filosofía es una ciencia libre (*Met*. 982b 25). Cuando el filósofo se pregunta "¿qué es el ser?", o "¿qué es el tiempo?", no busca ninguna respuesta práctica que le sirva para algo como cuando pregunto "¿cómo se hace un budín de zanahoria?", donde lo que pretendo es un conocimiento que me permita producir algo, el budín, alimentarme y sentir placer un rato por la tarde junto a mi café. Busco en Google un video de cocina y estoy unas horas haciendo el budín. Una vez que logro mi cometido, esa información ya no me interesa. En cambio, el interés en el conocimiento filosófico no se acaba nunca porque me intriga por sí mismo. La pregunta por el tiempo me sigue desvelando aún hoy, luego de años de estudiar filosofía. En el *Protréptico* Aristóteles propone el siguiente ejercicio mental: imaginemos que nos trasladan a la Isla de los Bienaventurados, donde no tendríamos necesidad de nada, donde todas nuestras demandas estuvieran satisfechas. ¿A alguien le surgiría el deseo de estudiar algo así como contabilidad? Más bien, en este paraíso idílico, "solo queda pensar y contemplar, lo que incluso ahora llamamos precisamente una vida libre" (Aristóteles, 2017, p. 73). Es decir, solo queda hacer filosofía.

Un tercer matiz con el cual se suele relacionar la "inutilidad" de la filosofía es su incapacidad de producir rédito económico. En un contexto donde el capitalismo dicta que todo debe tener un valor monetario, la filosofía se presenta como un trasto inútil e ineficiente en tanto no produce un capital material. Basta con lanzar una pregunta en una oficina cualquiera de Buenos Aires intempestivamente: "¿Qué es el ser?". Las palabras resonarán en un vacío incómodo. La sociedad de rendimiento no tiene tiempo para "estupideces", es decir, aquello que no produce dinero. La filosofía puede generar libros o cursos sobre distintas temáticas interesantes, pero por lo general alcanzan un público pequeño. Difícilmente un inversor que quiera hacer dinero financie un proyecto filosófico. O si lo hace, no espera a cambio un rédito económico. Ya en la Antigüedad se veía con malos ojos que el saber filosófico se volviera una "mercadería" y que el filósofo ya no responda a la verdad, sino a otros intereses. Es el caso de los sofistas que vendían sus conocimientos retóricos al mejor postor y se jactaban de poder convencer a cualquiera de cualquier cosa. El filósofo no puede atarse a un poder económico porque su saber se volvería mercenario, esto es, sometido a otros intereses. Así reflexionaba, por ejemplo, Crisipo de Solos:

En el libro segundo de *Sobre el modo de vida y su provisión*, cuando dice prever cómo se debe proveer el sabio, añade: «Ahora bien, ¿para qué hay que proveerlo? Si es para que viva, el vivir es indiferente. Si es por el placer, también es indiferente. Y si es por la virtud, ésta es autosuficiente para la felicidad. Son ridículos los modos de provisión, como los que vienen de un rey, pues pedirá que cedamos ante él. También los que derivan de la amistad, porque la amistad resultará venal por un determinado artículo. Y los que derivan de la sabiduría, pues se volverá mercenaria la sabiduría». (Crisipo de Solos, 2014, p. 121)

Pero hoy ya resulta cada vez más difícil volver mercenaria a la sabiduría. Es poco probable que los grandes poderosos del mundo, los reyes de la actualidad, como Elon Musk o Donald Trump, contraten filósofos para aumentar su poder. ¿Quién quiere comerciar con la sabiduría? La filosofía ya ni siquiera tiene esta utilidad vil, no puede ya ofrecerse en el mercado. Por eso, ¿para qué querríamos enseñar filosofía en las escuelas y las universidades? ¿Para qué formar individuos en una disciplina que no aporta que sean sujetos activos económicamente? En el afán insaciable de lucrar, algo así como el filosofar, es visto como un gasto improductivo.

Se puede agregar un cuarto matiz que convive con la palabra "inútil". Se suele asociar la exclusión de la filosofía del mundo económico y comercial con su capacidad crítica del *statu quo* capitalista. Que esta disciplina no sirva para nada significa que no está al servicio de nada ni de nadie. La función de la filosofía, como sostiene Horkheimer (2003), es criticar lo establecido (p. 282). Aquí "criticar" no debemos entenderlo como hablar mal de alguien o señalar los defectos de algo. Más bien se trata de recuperar el sentido propio del término griego *krinein* que significa separar o discernir. "La meta principal de esa crítica es impedir que los hombres se abandonen a aquellas ideas y formas de conducta que la sociedad en su organización actual les dicta" (Horkheimer, 2003, p. 282). La tarea de la filosofía es discernir los modos de vida imperantes, aquellas "verdades" que se presentan como obvias, evidentes y aceptamos por hábito o costumbre. No se trata de rechazar o refutar las ideas dominantes, sino de no aceptarlas acríticamente como esponjas, sin reflexión. Por eso la filosofía siempre es incómoda e inconveniente, tal como lo enseñó Sócrates.

Hay, por lo tanto, cuatro matices que se mezclan en la frase "la filosofía es inútil":

1. La filosofía es inútil en tanto que se hace en el momento de ocio, no en el del negocio, es decir, cuando no estamos apremiados con los quehaceres necesarios para la supervivencia.

2. La filosofía es inútil porque no produce nada y su actividad no está atada a un fin determinado, sino que se filosofa por el deseo del saber mismo.

3. La filosofía es inútil porque no es redituable, porque no se encuadra en la lógica mercantilista del capitalismo contemporáneo donde todo debe tener un valor económico.

4. La filosofía no sirve para nada en tanto que no está al servicio de nada ni de nadie, sino que su función es criticar lo establecido.

Pero ciertamente, tomando prestada la expresión de Nuccio Ordine (2013), hay una cierta utilidad de lo inútil. Habiendo talado el árbol cartesiano, la filosofía ha encontrado dificultades en demostrar su lugar dentro de las ciencias, y, por lo tanto, en legitimar su estatuto de saber. Sin negar que la filosofía no es productiva, en el sentido aristotélico, que no es redituable y que consiste en criticar lo establecido, podemos, sin embargo, afirmar que la filosofía es útil, tiene una utilidad, sirve para algo. Más adelante me detendré y distinguiré las distintas "utilidades" que, en mi opinión, la filosofía tiene para una sociedad, pero aquí quiero volver sobre tres casos que sucedieron en la Argentina reciente en los que claramente se pueden apreciar las aplicaciones de nuestra disciplina: estos son el caso de Marita Verón, la iniciativa de predecir el embarazo adolescente en Salta con inteligencia artificial y la "Ley de Identidad de Género".

History and Theory, una revista académica especializada en filosofía de la historia, publicaba en sus redes sociales lo siguiente: "¿Se ha preguntado alguna vez si los trabajos sobre teoría de la historia o la propia revista tienen alguna repercusión en el 'mundo real'?". La respuesta será afirmativa y a continuación hace alusión al rol de un artículo de la revista en el caso de Marita Verón. El 3 de abril de 2002, María de los Ángeles "Marita" Verón salió para el hospital a unas seis cuadras de su domicilio, en San Miguel de Tucumán. Marita nunca regresó a casa. Gracias a diferentes testigos, la investigación policial determinó que la desaparición consistía en un caso de trata de personas para la prostitución. A partir de lo que pudo reconstruir la justicia, fue originalmente secuestrada para una fiesta sexual y luego vendida a Liliana Medina, que manejaba distintos prostíbulos en La Rioja. Según cuentan algunos testimonios, fue explotada sexualmente, obligada a ejercer la prostitución y drogada permanentemente. Además, durante un momento del secuestro, uno de los hijos de Medina, el "Chenga" Gómez, la tomó un tiempo como su propiedad.

Luego de diez años de intensa búsqueda liderada por su madre, Susana Trimarco, el 8 de febrero de 2012 comenzó el juicio por el caso. Un total de trece personas fueron acusadas como partícipes del secuestro y de explotación sexual. Durante el litigio, muchos testigos aportaron a la causa. Sin embargo, luego de un largo proceso, el 12 de diciembre de 2012, los jueces de Sala II de la Cámara Penal de Tucumán dictaminaron que los acusados quedaban absueltos por falta de pruebas, desestimando el testimonio de víctimas de la misma red de prostitución por ser poco confiables. Pese a los numerosos testigos que declararon, los jueces argumentaban que "en todos los casos las declaraciones de estas jóvenes muestran un aislamiento total con otras pruebas, no hay forma de corroborar sus testimonios, no encuentran sostén ni aun en los otros testimonios con los que colisionan" (*CAUSA: Íñigo David Gustavo, Andrada Domingo Pascual and others s/ illegitimate deprivation of liberty and corruption, María de los Ángeles Verón*, 2012, p. 574). Se señalaron contradicciones, vaguedades e imprecisiones en los testimonios e incluso se descalificaron debido al estado psicológico de las víctimas. Por todas estas razones, se exculpó a los acusados.

Un tiempo después, la Corte Suprema de Justicia de Tucumán revocó la sentencia y condenó a diez de los trece imputados. Cecilia Sbdar, miembro de la Corte Suprema de Justicia, hizo hincapié en revisar la desestimación de los testimonios de las víctimas. Así, afirma, se "descalifica [uno de los testimonios] por no ser monolíticamente coherente su aporte como testimonios a la causa, cuando en realidad la contradicción, la reticencia a prestar declaración, el titubeo, etc., son un rastro indeleble de este tipo de crímenes y de sus víctimas que se encuentran en una situación de vulnerabilidad evidente" (*Íñigo David Gustavo, Andrada Domingo Pascual, González Sofía De Fátima, Medina Myriam Cristina, Derobertis Humberto Juan s/ illegitimate deprivation of liberty and corruption*, 2013, p. 167). Para refutar esta posición, Sbdar se apoya en el trabajo de la filósofa argentina Verónica Tozzi "The Epistemic and Moral Role of Testimony" (2012a) publicado en *History and Theory* para justificar la legitimidad de los testimonios prestados y anteriormente descartados. En el artículo, Tozzi se concentra en tres casos: *Se questo è un uomo* e *I sommersi e i salvati* de Primo Levi, sobreviviente del campo de concentración de Auschwitz, *I Will Bear Witness*, de Victor Klemperer, también sobreviviente del nazismo, y, por último, *Poder y desaparición: Los campos de concentración en Argentina* por Pilar Calveiro, quien sobrevivió al secuestro y aprisionamiento en la Escuela de Mecánica de la Armada durante la última dictadura argentina. Sin sostener el rol privilegiado de la víctima ni adoptar una posición fundacionalista, esto es, que reduzca al testimonio a una simple documentación de lo vivido, Tozzi propone una perspectiva performativa del testimonio: el mismo acto de dar testimonio genera conocimiento. Detengámonos en lo primero del artículo que se destaca en el fallo:

> Señala la especialista en epistemología del testimonio, Verónica Tozzi ("The epistemic and moral role of Testimony", publicado en History and Theory 51 (February 2012), 1-17, Wesleyan University 2012) que cuando adoptamos una posición sobre el genocidio o los eventos de terrorismo, nos cuesta eliminar tres suposiciones ampliamente aceptadas que se corresponden con una epistemología tradicional y conservadora del modo de investigar y reconstruir los hechos, que no tiene en cuenta las situaciones sensibles en las que se encuentran las/los testigos, pretendiendo: 1. El acceso privilegiado del testigo a los eventos pasados que ha presenciado, y un relato sin fisuras. 2. La homogeneidad de la experiencia de las víctimas. 3. La homogeneidad de las formas en las que esas experiencias son expresadas. (*Íñigo David Gustavo, Andrada Domingo Pascual, González Sofía De Fátima, Medina Myriam Cristina, Derobertis Humberto Juan s/ illegitimate deprivation of liberty and corruption*, 2013)

Son estos supuestos lo que determinaron la desestimación de los testigos por parte de la Sala II de la Cámara Penal de Tucumán. El hecho de que las víctimas no hayan podido expresarse con una coherencia intachable o que haya ciertas incongruencias en los relatos no necesariamente quiere decir que no se pueda confiar en ellos. Tal como argumenta Tozzi y destaca el fallo, en primer lugar, los testimonios siempre están mediados por interpretaciones y, por lo tanto, no son transmisiones neutras de la experiencia. En segundo lugar, se requieren distintas voces de sobrevivientes o víctimas para recrear lo sucedido. En tercer lugar, se debe prestar atención a las convenciones lingüísticas presentes en el testimonio, lo que "nos permite ver los juegos del lenguaje en los que tienen lugar los testimonios en la vida ordinaria" y "podemos apreciar que las instituciones testimoniales impregnan muchos dominios, cada uno con reglas diversas" (Tozzi, 2012b, p. 16. Mi traducción). Por estas razones, los jueces deciden reconsiderar el testimonio de las víctimas, revocar el fallo y condenar a los culpables.

Un *paper* perdido en el océano infinito de producciones académicas fue una herramienta conceptual clave en la argumentación de una jueza para revocar un fallo y así proceder en el encarcelamiento de los culpables de un delito atroz. La filosofía propone y crea conceptos que, lejos de permanecer en el mundo de las ideas, pretenden traer luz a la realidad en la que vivimos y, en ciertas ocasiones, cambiarla. Tergiversando un poco la famosa frase del poeta alemán Heinrich Heine, podemos sostener que los conceptos filosóficos, nutridos en la tranquilidad del estudio del intelectual, pueden transformar toda una civilización.

La filosofía puede servir también para repensar el modo en que nos relacionamos con la tecnología y sobre las consecuencias éticas, sociales y filosóficas de nuestro uso. Constantemente en nuestra vida cotidiana estamos utilizando aparatos técnicos, desde una cafetera hasta nuestro *smartphone,* pero pocas veces nos ponemos a pensar sobre las consecuencias que tienen sobre nuestra vida. En el último tiempo, especialmente ante la aparición de ChatGPT, la cuestión de la inteligencia artificial ha estado en boca de todos. ¿Cómo debemos utilizar esta tecnología? ¿Habría que trazar ciertos límites éticos a la hora de utilizarla? ¿Cómo asegurar que la aparición de estas nuevas herramientas sirva para mejorar la vida de la mayor cantidad de individuos y no la de unos pocos? ¿Cómo diferenciar un discurso humano de uno artificial? La filosofía de la técnica aquí tiene un amplio campo para repensar nuestro trato con estas tecnologías.

Es el caso de la investigación de Karina Pedace, Tobías Schleider y Tomás Balmaceda, investigadores pertenecientes al grupo GIFT (Grupo de Investigación de Inteligencia Artificial, Filosofía y Tecnología) de la Sociedad Argentina de Análisis Filosófico. En su trabajo "Inteligencia artificial y sesgos" (2023) analizan los riesgos que implica esta nueva tecnología en un caso muy concreto: la iniciativa de predecir el embarazo adolescente en Salta. En el 2017 Juan Manuel Urtubey, el por entonces gobernador de la provincia, cerró un acuerdo con la prestigiosa empresa Microsoft para implementar un sistema de inteligencia artificial con el fin de prevenir el embarazo adolescente (ese mismo año el 18% de los partos en la región habían sido de menores de 19 años). El gobernador prometía una omnisciencia artificial capaz de saber el futuro: "con la tecnología vos podés prever cinco o seis años antes, con nombre, apellido y domicilio, cuál es la niña, futura adolescente, que está en un 86 por ciento predestinada a tener un embarazo adolescente" («La inteligencia artificial de Urtubey», 2018). La iniciativa suponía la recolección de datos a través de una encuesta voluntaria en la que se recababa información de la persona y el contexto (edad, etnia, nacionalidad, con quiénes habitaba y con qué servicios contaba, si estaba o estuvo embarazada, entre otros datos). Así, sostienen los autores, "desde nuestras voces filosóficas hemos pretendido contribuir al debate polifónico que debemos darnos, a través del señalamiento y la ponderación crítica de los distintos tipos de sesgos que impactan en las diversas etapas que constituyen los algoritmos que moldean nuestras vidas y las sociedades que conformamos" (Pedace et al., 2023, p. 24)2023, p. 24.

Si bien es cierto que esta tecnología puede traer grandes beneficios a millones de personas, los autores muestran la otra cara de la promesa mesiánica de la inteligencia artificial. La tesis de los autores es que, en este caso, más que traer una solución concreta, exacerba la desigualdad y la discriminación preexistentes a la elaboración del algoritmo. La I.A., lejos de ser una herramienta neutra, objetiva y libre de errores, replica prejuicios y sesgos y perjudica, aplicado a políticas públicas, a ciertos grupos vulnerables dentro de la comunidad salteña. Y estos sesgos se encuentran ya en el origen de estos algoritmos, en el momento en que fueron diseñados por un grupo de programadores. Esta tecnología utiliza la metodología llamada *machine learning* para establecer patrones en un conjunto de datos y, al hacerlo, selecciona y privilegia algunos aspectos para determinar estos patrones. El criterio está lejos de ser neutro, por el contrario, está mediado por sesgos preexistentes. Como señalan los autores, los datos pueden ser sesgados, o bien porque los datos recolectados no son representativos del objeto de análisis, o bien porque replican prejuicios sociales que se dan de antemano (p. 21). En el texto se destacan tres errores fundamentales:

1. En primer lugar, sostienen que hay una contaminación de datos dado que el sistema es testeado a partir de la misma información con la que fue entrenado. La efectividad de la tecnología no puede evaluarse sobre los mismos datos con los que fue ejercitado, dado que es posible que se haya planteado el problema de un modo equivocado o se acarreen supuestos inadecuados o se haya cargado información errónea.

2. En segundo lugar, hay una incongruencia entre el objetivo que se propone y los datos que se recaban. La información de la presente situación de los encuestados no es suficiente para predecir su futuro. Para alcanzar predicciones precisas, el algoritmo de aprendizaje automatizado debe ser constantemente reentrenado y nutrido de datos actualizados, lo que no sucedió en el caso de Salta.

3. Por último, sostienen que tanto el planteamiento del problema como la recolección de datos se encuentran fuertemente sesgados. Por un lado, se parte del presupuesto de que el problema es exclusivo de las niñas adolescentes embarazadas, sin analizar otros factores, como el rol de los varones. Además, la información que se recopila puede estar comprometida. Al tratarse de un tema delicado e íntimo, muchas veces los datos no se revelan del todo, sea por cuestiones de clase, religiosas o familiares. Estas distorsiones no tienen que ver con la tecnología sino con la información con la que se la alimenta, lo que la puede llevar a realizar predicciones poco precisas.

Debemos deconstruir la idea de la inteligencia artificial como superior, eficiente, neutra, ajena a cualquier tipo de error. La inteligencia artificial está siempre mediada por decisiones humanas, sea en su diseño, su implementación, su evaluación o en la recolección de datos que precisa para trabajar. La infalibilidad de estas tecnologías no es más que un mito. La filosofía puede ser útil para reflexionar sobre los mundos por venir, para los cuales aún carecemos de categorías y conceptos. En una realidad tan cambiante y dinámica como la actual, necesitamos más que nunca tener aceitados los engranajes del pensamiento para analizar la naturaleza de estas nuevas tecnologías y sus posibles repercusiones.

El 9 de mayo de 2012, con 55 votos afirmativos, una abstención y ningún negativo, el Senado de la Nación Argentina aprobó la Ley n.° 26.743 de Identidad de Género, medida que fue pionera a nivel mundial: fue la primera ley alrededor del globo que no considera patológica la identidad trans. La misma reconoce el derecho de los, las y les individuos a que su Documento Nacional de Identidad refleje su identidad de género autopercibida por un simple trámite que no requiere ninguna pericia médica. Si bien la ley suponía una opción binaria (varón/mujer), en el año 2021 se decretó la posibilidad de optar en el DNI por la nomenclatura "X" (en contraposición a la "F", de femenino, y la "M," de masculino), reconociendo así identidades no binarias. Además, facilita el acceso a cualquier persona a tratamientos hormonales o quirúrgicos para adecuar su cuerpo a su identidad autopercibida. Tal como se define en el artículo 2 de la Ley n.° 26.743, se entiende "identidad de género" como

> la vivencia interna e individual del género tal como cada persona la siente, la cual puede corresponder o no con el sexo asignado al momento del nacimiento, incluyendo la vivencia personal del cuerpo. Esto puede involucrar la modificación de la apariencia o la función corporal a través de medios farmacológicos, quirúrgicos o de otra índole, siempre que ello sea libremente escogido. También incluye otras expresiones de género, como la vestimenta, el modo de hablar y los modales. (Ley de Identidad de Género, 2012)

Aquí hay un trasfondo netamente filosófico, como dan cuenta tanto Paula Lucía Aguilar y Laura Fernández Cordero en su texto "Cuando la identidad es ley. Ecos de Michel Foucault y Judith Butler" (2013), como Danila Suárez Tomé (2022) y Verónica Tozzi (2012).[3] Ni Butler ni Foucault son mencionados

---

3 Este artículo en particular amplía la discusión filosófica de la identidad a otras dos leyes que se debatieron y sancionaron en la Argentina: la Ley ADN (26549/2009) y la Ley de Matrimonio Igualitario (26.618, Decreto 1054/10).

explícitamente en el proyecto de ley; sin embargo, como sostienen las autoras, fueron influencias fundamentales en los debates en torno a la identidad, el género y la sexualidad que dieron forma a la medida sancionada.

Uno de los primeros pasos para deconstruir la unidad y estabilidad de la identidad fueron los trabajos de Michel Foucault. La identidad se fabrica, se construye, a partir de un entramado de saberes y prácticas. Este entramado está mediado por relaciones de poder que atraviesan todos nuestros vínculos sociales. Incluso el poder, o la biopolítica, incluye la regulación, normalización y distribución de los cuerpos. La biopolítica alude a cómo el poder gestiona la vida de las poblaciones (en cuestiones de salud, natalidad, mortalidad, entre otras). De esta manera se moldea y controla el comportamiento de los individuos para garantizar la salud del cuerpo social. Este poder biopolítico, de la mano de instituciones sociales y políticas (como la educación, la familia, la medicina), tal como lo desarrolla en *Historia de la sexualidad,* supone la regulación de la sexualidad, determinando normas y estereotipos, fijando comportamientos como "normales" y "anormales".

Pero es Judith Butler y su libro *El género en disputa. El feminismo y la subversión de la identidad* (2018) quien conforma el marco teórico central para la ley. A diferencia del feminismo clásico, que sostiene que, si bien el género es una construcción social, hay una base biológica estable, el sexo, Butler da un paso más allá y sostiene que no solo el género, sino también el sexo, es una construcción. No hay ningún elemento prediscursivo o natural que determine el sexo o el género.[4] E incluso más: estas construcciones están mediadas por relaciones de poder, particularmente bajo una matriz heterosexual donde "se construyen modos de ser mujer y varón, y al mismo tiempo, se instala la ilusión tranquilizadora de que esas identidades están garantizadas por la biología, por la naturaleza, por los genitales" (Aguilar & Fernández Cordero, 2013, p. 50). Según Butler, la identidad de género no es una esencia inmutable o natural, sino que es performativa, es decir, se da en un entramado de normas y regulaciones sociales que se imponen por repetición. Lo que consideramos intuitivamente como algo interno (mi identidad de género o mi orientación sexual) se performa, se produce, por medio de una repetición de actos. "La performatividad no es un acto único, sino una repetición y un ritual que consigue su efecto a través de su naturalización en el contexto de un cuerpo" (Butler, 2018, p. 17). La identidad de género es entonces un proceso constante, que nunca se completa definitivamente, y que siempre está mediado socialmente.

---

4   Sobre esta discusión véase Suárez Tomé (2022, pp. 132-137).

La definición de identidad de género que aparece en el artículo 2 de la ley 26.743 se basa en los Principios de Yogyakarta, un conjunto de lineamientos para la aplicación de la legislación internacional de derechos humanos en relación con la identidad de género y la orientación sexual. Si repasamos la definición, la identidad aquí no depende ni de una naturaleza previa ni de condicionamientos externos (estipula que la identidad de género puede no coincidir con el "sexo asignado al nacer"), sino que es determinada internamente. Esta perspectiva contrasta con el enfoque performativo de Butler. Pero, como señala Danila Suárez Tomé (2022), no debemos caer en el prejuicio dualista según el cual la mente determina la identidad de un cuerpo previamente sexuado (ya que sería volver a la mirada del feminismo clásico que mencionaba más arriba). Más bien, la "identidad de género no se refiere únicamente a un estado mental interno, sino a la totalidad de nuestro cuerpo sexuado tal y como es vivido por cada persona" (Suárez Tomé, 2022, p. 139). Todas las personas, y no solo un determinado colectivo, nos autopercibimos desde una identidad de género y desde allí nos relacionamos con otros. La Ley de Identidad de Género asegura y protege este derecho.

La obra de Butler, y particularmente su tesis de que tanto el género como el sexo son construcciones, fue clave para desnaturalizar el binarismo varón-mujer y repensar la identidad de género. Sin estos presupuestos filosóficos hubiera sido muy difícil pensar y elaborar esta ley. Como afirma Verónica Tozzi, "este proyecto de ley es la expresión en la ley del desmantelamiento efectuado por la filosofía feminista y la teoría *queer* de la distinción sexo-género [...]. No hace falta comprometerse con ningún binarismo" (Tozzi, 2012a, p. 124). La filosofía sistematiza, analiza, investiga y provee marcos conceptuales que nos permiten pensar nuestra identidad tanto a nivel individual como a nivel colectivo. Detrás de grandes transformaciones, hay grandes ideas.

Si bien podría seguir mencionando otros ejemplos,[5] por supuesto que muchas investigaciones filosóficas no tienen siempre aplicaciones concretas y en la

---

5   Recientemente se estrenó un documental titulado *Los médicos de Nietzsche* donde se ve cómo el Dr. Esteban Rubinstein aplica una mirada nietzscheana para abordar la Medicina General. En el 2020, varios filósofos colaboraron en un protocolo de triaje durante la pandemia de COVID-19 (Rivera López et al., 2020). Otro ejemplo podría ser el caso de Sandra, la orangutana del antiguo zoológico de Buenos Aires que fue declarada persona no humana en 2015. La ética y la filosofía dentro de la *deep ecology* en Europa y Estados Unidos, como por ejemplo Peter Singer (2018), Tom Regan (2004), Hans Jonas (1995),

mayoría de los casos citados su "utilidad" no fue un efecto buscado originalmente. Preguntarse por qué el mundo se divide en varones o mujeres, si la tecnología puede ser considerada dañina en sí misma o por el valor del testimonio, podrían ser vistos como una pérdida de tiempo, una actividad inútil en tiempos donde todo apremia. La filosofía discute estos problemas abiertamente y sin reservas, sin estar atada a producir algo que "sirva". Aquí radica la libertad de la filosofía.[6] Estos ejemplos nos sirven para desarmar la idea de que la filosofía es esencialmente inútil. El saber filosófico, por más que no se lo proponga directamente, puede tener una inherencia fundamental en su comunidad, trayendo soluciones y proveyendo conceptos para pensar la realidad que la rodea. Las ideas sobre el mundo y el hombre que circulan en una época o en un contexto necesariamente determinan cómo pensamos y, por ende, cómo actuamos. La filosofía puede traer claridad sobre las categorías con las que interpretamos nuestro entorno y a la vez proponer nuevos conceptos para pensarlo. Por lo tanto, que la filosofía no busque inmediatamente una aplicación práctica no quiere decir que no tenga una utilidad ni que no pueda o deba transformar el mundo.

En el mundo de hoy, donde afortunadamente la sociedad ya no se divide, como en los tiempos de Platón, en "hombres libres" y esclavos, la caracterización de la filosofía como inútil es una trampa. Si no queremos que la filosofía sea un lujo de una cierta clase social, nuestra tarea no puede reducirse a un momento de ocio recreativo. Recuerdo las clases de Filosofía Antigua en primer año, cuando nos achacaban las epístolas morales de Séneca, donde sostenía que la pobreza era necesaria para alcanzar la verdadera sabiduría. El Sócrates que imparte gratuitamente sus enseñanzas y desprecia a los sofistas mercenarios ya no es, por más romántico que sea, una realidad posible. Esto incluso ya lo había señalado Aristóteles (*Ret.* 1360b; *Eth. Nic.* 1099b). A diferencia de Antístenes y Diógenes el Cínico, que consideraban el desprendimiento material, la pobreza, una condición necesaria para alcanzar la sabiduría (puesto que la felicidad solo se alcanza gracias a la autarquía, independiente del dinero o la fama), Aristóteles reconoce la importancia de un sustento material para desarrollar la filosofía. Si bien se deben tener "muchos bienes del alma", también se requieren, en su justa medida y para alcanzar una "vida plena", bienes exteriores y corporales. La filosofía, la investigación seria y rigurosa, es un trabajo y debemos valorarlo como tal. El trabajo conceptual

---

Michel Serres (1995) y la tesis de Gaia de James Lovelock (2007) fueron el trasfondo teórico que hicieron posible el fallo.

6   También en las ciencias encontramos investigación básica que no tiene una utilidad inmediata y se lleva a cabo por "amor al saber". Muchas veces pueden descubrirse aplicaciones inesperadas, pero otras tantas veces solamente aportan al conocimiento científico en general.

requiere paciencia, lecturas que muchas veces resultan innecesarias, desempolvar argumentos y proponer –lo más difícil de lograr– ideas nuevas. Todo esto supone horas y horas de trabajo que, si uno no tiene un sustento por otro medio, serían imposibles. Lamentablemente, para pensar hay que comer. Parecen obviedades, pero muchas veces se toma nuestro trabajo, incluso por propios colegas, como un mero entretenimiento ocioso. En definitiva, es la idea detrás de la filosofía inútil. El filósofo alemán Josef Pieper (1970), por ejemplo, queriendo defender la "libertad" de la filosofía, rechaza la expresión "trabajo intelectual" o "trabajador del espíritu" (pp. 32-39), lo que peligrosamente nos acerca a un *hobby* para ojos ajenos. Cuando empecé a estudiar filosofía, por ejemplo, un amigo cercano, con la mejor de las intenciones, me preguntó que iba a estudiar después "en serio".

La inutilidad no es más que un refugio, un disfraz. Tal como lo denunció Nietzsche, la filosofía por siglos se disfrazó de inútil y de asceta, indiferente a lo mundano, para legitimar su propio quehacer.

> El espíritu filosófico siempre ha tenido que empezar disfrazándose e introduciéndose, al igual que la larva en el capullo, en los tipos de persona contemplativa *ya establecidos y reconocibles previamente*, como sacerdote, mago, adivino, en general como persona religiosa, a fin de ser en alguna medida siquiera posible: el *ideal ascético* ha servido durante largo tiempo al filósofo como una forma en la que manifestarse. [...] La actitud de los filósofos de estar aparte, particularmente negadora del mundo, enemiga de la vida, incrédula de los sentidos, desensualizada, que se ha mantenido fija hasta la época más reciente y de esa manera casi ha adquirido vigencia como *la actitud de filósofo en sí misma*, es sobre todo una consecuencia del estado de necesidad propio de las condiciones en las que la filosofía surgió y subsistió, por cuanto durante el más largo periodo de tiempo la filosofía *no habría sido posible en modo alguno* en este mundo sin una envoltura y ropaje ascéticos, sin un auto-malentendido ascético. Para expresarlo de modo intuitivo y que entre por los ojos: el sacerdote ascético ha venido proporcionando hasta fecha muy reciente la forma larvada, repelente y sombría, solo bajo la cual la filosofía pudo vivir y andar por ahí husmeando… (Nietzsche, 2011, pp. 106-107)

La inutilidad de la filosofía es otra máscara del ideal ascético denunciado por Nietzsche. No estamos aquí para los quehaceres cotidianos, que cualquiera puede hacer; no estamos para perder nuestro tiempo, ni en tareas serviles ni en la búsqueda del vil metal. Nosotros, los filósofos, estamos para otra cosa, para la noble y digna tarea de la contemplación de los grandes secretos del universo, motivados tan solo por el amor desinteresado al saber. No estoy seguro de si la filosofía habría podido sobrevivir sin este traje, tal como afirma el filósofo alemán, pero sí que es un atavío que le dio legitimidad y poder. Paradójicamente, su disfraz hoy logra el efecto contrario: el atuendo que antaño generaba el respeto y el miedo ante los otros, hoy es la razón por la cual la marcan como algo desechable. Pero son los mismos filósofos los que han olvidado los ropajes que cargan y confunden su traje con su piel. Son los mismos filósofos los que han sido engañados por su propio camuflaje. Me refiero a los defensores de lo inútil de hoy que, en su "noble" cruzada contra la lógica productivista, la mayoría, imagino, sin quererlo, no hacen más que socavar su, o nuestra, propia extinción. Si oponemos tajantemente la filosofía al "mundo totalitario del trabajo" (la expresión es de Josef Pieper), la estamos condenando a su desaparición.

Lo mismo podemos pensar desde filosofías más críticas del capitalismo neoliberal. Pensar la filosofía como, en palabras de Lyotard (1979), una "región no alienada por el capitalismo", como el espacio de lo inútil inmunizado del mundo de lo útil, es también una trampa. Allí el intelectual se sitúa por encima del resto para señalar con el dedo acusador las trampas del capitalismo. La filosofía puede –y creo que debe– ser intempestiva, debe ser una crítica del orden de las cosas, de su presente (que es, ciertamente, capitalista), pero esto no quiere decir que su práctica no se dé dentro de las condiciones del capitalismo. Si no, ¿con qué legitimidad nos indignamos cuando somos expulsados del capitalismo? Es decir, cuando se desfinancia la filosofía y las humanidades, ya sea dentro de instituciones privadas o públicas. No estoy diciendo de ningún modo que la filosofía debe ser servil, funcional o defensora del capitalismo; creo que debe ser todo lo contrario, pero postularnos como los elevados por fuera del sistema será nuestra acta de defunción.

Libros marketineros que se venden a montones se erigen en defensa de la "inactividad". Byung Chul Han, por ejemplo, caracteriza la filosofía como "ornamental", como un lujo por fuera de la necesidad (Han, 2023, p. 13). Este tipo de caracterizaciones pueden ser seductoras para un público que no se dedica a la filosofía profesionalmente y que entiende como necesario cultivarse en su tiempo "libre", cuando finaliza la jornada laboral. Pero al mismo tiempo, consolida en el inconsciente colectivo la idea de que la filosofía y las humanidades no son un verdadero trabajo, sino más bien un *hobby.* ¿Por qué deberíamos financiar desde el Estado la meditación recreativa y solitaria de un ciudadano? La inutilidad de la filosofía es funcional a su desfinanciamiento, fomentando la idea de que es un placer individual para quien pueda permitírselo. ¿Por qué no debería ser un "gasto privado"?

Que el filósofo sea capaz e incluso deba cuestionar el capitalismo, en tanto *statu quo,* que requiera salirse del ajetreo del negocio y deba demorarse en la época de la aceleración, no significa que sus investigaciones, si quieren ser rigurosas y serias, no requieran, como en cualquier disciplina, financiamiento, inversión y un salario. Y todas estas necesidades "mundanas", cubiertas por entidades públicas o privadas, se dan, guste o no, en un mundo capitalista. Defender el valor de la inactividad, del ocio inmaculado, le hace juego a un discurso que sostiene que el desarrollo intelectual queda a cargo del sector privado, de aquel que, en su tiempo libre, si puede y quiere, se da ese "lujo". Nos la pasamos diciendo que la filosofía no sirve para nada, pero cuando un funcionario afirma que nuestra disciplina es "inútil", nos levantamos indignados. Quizás sea conveniente, luego de siglos repitiendo este mantra, cambiar de eslogan. O tal vez la filosofía, de la mano de los filósofos –como dice Nietzsche (2011) de Sócrates (p. 166)–, quiera morir: fuerza a Atenas a condenarla y se da a sí misma el vaso de veneno.

LA ORFANDAD DE LAS CIENCIAS

Tradicionalmente, se afirma que la filosofía es "la madre de todas las ciencias". Esta caracterización tiene antiguas raíces que nos remontan a Grecia, particularmente a Aristóteles, que consideraba a la filosofía como la "ciencia primera" (*protē epistēmē*), es decir, el fundamento de todo conocimiento. Su tarea, no menor, era alcanzar los primeros principios o las causas últimas de la totalidad de las cosas. Pensemos que en ese entonces los saberes científicos no estaban claramente diferenciados como lo están hoy. El filósofo era a la vez físico, matemático, astrónomo y tantas cosas más. La especialización de las ciencias fue un lento y largo camino que recién comenzó a acelerarse en la modernidad. Ahora bien, en tanto que la filosofía se preguntaba por la esencia de las cosas, era considerada el saber primordial y la base de todo conocimiento riguroso. De ahí que posteriormente se caracterizó a la filosofía como la madre del resto de las ciencias. Así, si aceptamos esta vinculación de madre e hijo entre la filosofía y la ciencia, entonces podríamos decir que el desfinanciamiento de la filosofía y su lenta agonía son un matricidio filosófico. Muerta la filosofía, las ciencias quedan huérfanas.

Pero ¿podemos seguir sosteniendo hoy que la filosofía es la madre de todas las ciencias? Hace tiempo ya que estas frases, como también "la filosofía es inútil", se repiten una y otra vez sin fuerza, gastadas y convertidas en clichés que no convencen a nadie. Son resortes que aparecen una y otra vez entre los profesores. Nadie ve científicos llorando por su madre ausente. La "maternidad filosófica" esconde, en realidad, una supuesta superioridad. Otra vez, la filosofía, o los filósofos y filósofas, buscan ponerse por encima del resto de los saberes. Incluso más, la metáfora esconde una responsabilidad y una deuda. Como madre, es su responsabilidad velar y proteger a sus hijos. Pero también supone una deuda: la filosofía es la que dio vida a las ciencias. Como parte de su descendencia, fruto de su vientre, la ciencia le debe su amor filial incondicional. ¿Podemos seguir sosteniendo esta relación? Esta supremacía de la filosofía sería hoy no solo difícil de sostener, sino algo que produciría risa a los científicos.

Muchas ciencias se han emancipado totalmente de la madre, incluso la han olvidado. ¿Qué tipo de saber es la filosofía y por qué sería superior al resto? ¿Es la filosofía incluso un saber científico? Si entendemos ciencia por ciencia empírica, entonces la respuesta es, definitivamente, no. La ciencia empírica es aquella que prueba sus proposiciones a partir de datos observables y medibles. Pensemos, por ejemplo, en la química, la física o la biología. De esta manera, a partir de la observación y la experimentación, el científico puede corroborar sus hipótesis. Por ejemplo, en el siglo XIX los científicos creían que todos los seres vivos estaban compuestos por células. Esta hipótesis podía sonar muy verosímil, pero era necesario observarla en la realidad. Gracias al microscopio, se pudo corroborar empíricamente que la hipótesis era verdadera. Lo que hace a una teoría ser o no ser científica es que puede ser revisada empíricamente. En la filosofía, por el contrario, no hay microscopio que nos permita corroborar qué es el bien y el mal, ni telescopio que nos permita determinar si existe o no Dios. Pero esto no es una falencia humana que aún no pudo crear los instrumentos adecuados y precisos para corroborar estas cuestiones. Más bien, los enunciados filosóficos, por su propia naturaleza, conceptual y abstracta, no pueden ser corroborados por medio de la observación empírica.

Esto es lo que, por ejemplo, volvía loco a Rudolf Carnap de la filosofía de Martin Heidegger. En 1931, Carnap publicó el ensayo "La superación de la metafísica mediante el análisis lógico del lenguaje" en el volumen 2 de la revista *Erkenntnis*. En el ensayo, como bien sugiere el título, el pensador del Círculo de Viena se propone demostrar a partir de la lógica que las proposiciones de la metafísica carecen de sentido. Una proposición puede carecer sentido, ya sea porque su planteo es totalmente estéril, como preguntarse por el sexo de los ángeles, o porque la proposición es obviamente falsa. Pero las proposiciones de la metafísica parecen a simple vista tener sentido, aunque en el fondo no lo tengan. Es por eso que Carnap las llama "pseudoproposiciones". De estas distingue dos tipos: a. las que contienen una palabra a la que se le adjudica un significado erróneo. Por ejemplo, "hay objetos que son 'tagos'". Este término es inventado y no tiene un referente empírico, no se puede identificar en la experiencia sensible "tagos", por ende, carece de sentido; b. Por otro lado, las que contienen palabras con sentido, pero su errónea sintaxis hace que sean absurdas (por ejemplo, "César es un número primo"). Ambos tipos de pseudoproposiciones pueden aparecer en el discurso metafísico. Carnap utiliza como ejemplo proposiciones de la conferencia "¿Qué es metafísica?" del autor que, en la década del treinta, "ejerce la influencia más fuerte en Alemania" (Carnap, 1993, p. 75). Es decir, Heidegger. Carnap toma una de sus frases más polémicas y oscuras: "la nada nadea" (*das Nicht nichtet*). El primer problema que presenta esta proposición, dice Carnap, es que se emplea erróneamente el término "nada". En el lenguaje cotidiano lo usamos como sustantivo, como cuando decimos "ahí no hay nada", pero el uso lógicamente correcto sería "ahí no hay o no existe algo". Es decir, desde el punto de vista lógico, "nada" significa propiamente negar algo, expresa una negación, y no un sustantivo. Pero, además, como si fuera poco, Heidegger agrega otra palabra, "nadear" (*nichten*), que carece de todo significado, ya que no refiere en última instancia a un objeto observable. Algo semejante sucede con la frase "la nada existe". Vuelve a aparecer la nada tratada como un sustantivo y, en segundo lugar, se afirma "que existe" lo que contradice el mismo concepto de "nada". Es una proposición contradictoria y carente de sentido, dado que "la existencia de ese objeto resultaría negada por su propia definición" (Carnap, 1993, p. 77). Con estos ejemplos, Carnap quiere mostrar la imposibilidad de toda metafísica. El miembro del Círculo de Viena ni siquiera considera la metafísica una mera fantasía, una "mera quimera" o "un cuento de hadas", como lo hace por ejemplo Jorge Luis Borges. El problema de la ficción no es que contradiga las leyes de la lógica, sino que no es posible corroborarla en la experiencia. Es falsa, pero tiene pleno sentido. La metafísica, en cambio, no es ni verdadera ni falsa porque sus proposiciones carecen de sentido, son incontrastables. No es posible corroborar aquello que la metafísica busca, el más allá de lo empírico. Por ende, concluye Carnap, la metafísica no sirve para la descripción de la realidad, sino, a lo sumo, para la expresión de una actitud ante la vida.

Esto llevó a algunos a equiparar la filosofía con la ficción y la literatura. Como dice Borges en *Tlön, Uqbar, Orbis Tertius* "la metafísica es una rama de la literatura fantástica". El escritor argentino era un escéptico, es decir, no creía que el hombre podía conocer la realidad, no puede captar el orden del universo ni entender las leyes detrás de los fenómenos. A Borges le fascinaba la filosofía, pero no porque diera respuestas a las preguntas fundamentales del ser humano, sino que le interesaba estéticamente. La filosofía es un juego que le permitía crear otros mundos ficticios. Más que proveer certezas, la filosofía es un discurso que nos ayuda a introducir vaguedad en el mundo. "En cierto sentido, la filosofía disuelve la realidad, pero como la realidad no es siempre demasiado agradable, tal disolución te ayudará" (Burgin, 1974, p. 160). Más que hablarnos del mundo, lo difumina. La filosofía, la metafísica, es literatura fantástica, es ficción. Los límites entre ficción y realidad se vuelven inciertos, poco claros. ¿Dónde empieza la ficción y dónde arranca lo real? *Tlön, Uqbar, Orbis Tertius* nos muestra justamente esto. Un grupo de intelectuales inventa una enciclopedia que da cuenta de un planeta donde el idealismo filosófico es el sentido común (no existe ni la materia ni la sustancia y todo es una proyección del sujeto). Pero hacia el final de la historia, las ideas tlönianas comienzan a infiltrarse al mundo real, difuminando las fronteras entre lo ficticio y la verdad. ¿No es aquello que llamamos realidad una mera construcción del lenguaje? La ficción y la realidad, el discurso y el mundo, se entremezclan.

Quizás, después de todo, no haya sido tan malo que la ciencia haya quedado huérfana. ¿Qué sentido tiene que la filosofía, en tanto algo que simplemente expresa "una actitud ante la vida", sea financiada por una institución de ciencia y tecnología? ¿No deberíamos dejar de perder el tiempo con estos meros juegos del lenguaje? ¿Es la filosofía un área de conocimiento o simplemente el ejercicio literario reservado para excéntricos individuos? La pregunta me parece ciertamente válida. Mi primera respuesta es que no todo conocimiento debe funcionar como las ciencias empíricas. En el siglo XIX, de la mano del positivismo, una corriente que sostenía que solamente es válido el conocimiento empíricamente corroborado, se constituyó en el inconsciente colectivo que el modelo de las ciencias empíricas era el modelo científico por antonomasia. Sin embargo, hay otras posibilidades de entender el conocimiento, que no se basan únicamente en la observación, sino en el pensamiento lógico la intuición, la interpretación, entre otros. Son vías alternativas para explicar y darle sentido al mundo.

En el capítulo anterior he intentado mostrar cómo los conceptos filosóficos pueden tener efectos muy concretos en el mundo en que vivimos, como en un juicio, en el uso de la inteligencia artificial o en la legislación de un país. Me gustaría ahondar en cómo opera la filosofía y en qué sentido podemos decir que es un área de conocimiento. La filosofía no es un conjunto de frases sueltas, potentes e interesantes, para figurar en muros de Facebook. Todo lo contrario: los grandes filósofos, incluso Heidegger, han buscado crear grandes sistemas filosóficos. La noción de sistema supone un conjunto de partes coherente y organizado. La filosofía, como la ciencia, busca proveer un todo argumental riguroso y con coherencia interna. Muchas veces estos sistemas parecen abstractos y sin evidencia empírica (y en general los filósofos no pretenden tenerla), pero sí buscan conseguir una alta consistencia lógica y conceptual, carente de contradicciones, con cierta claridad. La filosofía no se trata meramente de "flashearla", alucinar ideas extravagantes o bizarras, sino de proponer una explicación del mundo rigurosa en términos lógicos y racionales.

Es cierto que a veces algunos filósofos no son muy claros ni muy sistemáticos. La filosofía continental, principalmente tradiciones de pensamiento en Alemania, Francia e Italia posteriores al siglo XIX (Heidegger, Lyotard, Deleuze, por poner algunos ejemplos), es muchas veces acusada de oscura, especulativa, hasta incluso delirante. Más que un intento de abandonar el plano de lo racional, creo que la filosofía continental ha tenido una búsqueda más "performativa" del pensamiento, extrañando el lenguaje para incitar a la reflexión. Cuando Heidegger afirma "la nada nadea" no es que no sepa hablar alemán, como sugiere Carnap, o se trate de un esquizofrénico, como llega a afirmar Mario Bunge (Vidal-Folch, 2008, p. 188), sino que intenta llevar al lenguaje a su límite para provocar el pensamiento. Al desautomatizar nuestras categorías lingüístico-sintácticas, Heidegger desarma nuestras categorías conceptuales. En esta misma línea piensa Deleuze. Para el filósofo francés, escribir es empujar al lenguaje a sus límites, romper con las reglas de las sintaxis, hacer de la lengua madre una lengua ajena, extranjera. La escritura debe devenir en una lengua menor, marginal, que escape de la lengua hegemónica, dominante. Es decir, sacar al lenguaje de su curso no necesariamente es un mero sin sentido, un barullo incomprensible, sino dar espacio a ideas que solo pueden aparecer y expresarse en los lindes de la palabra. Deleuze ve en el escritor Leopold von Sacher-Masoch un ejemplo de un lenguaje alternativo. Masoch tiene un alemán impecable, pero, dice Deleuze, tiene "un ligero temblor". "Un temblor que ya no es psicológico, sino lingüístico. Así, hace que tartamudee la propia lengua" (Deleuze, 2009, p. 82). Algo semejante sucede con Heidegger: tartamudea, repite, en él abundan pleonasmos, desviaciones de la lengua. En definitiva, hace delirar al lenguaje. Y cuando se lleva a la palabra a este punto, podemos trazar líneas de fuga. Estas son las que nos permiten escapar de un sistema homogéneo y hegemónico de la lengua, hacen posible reflexionar por fuera de las categorías con las que solemos ver la realidad y nos permiten ver y pensar algo totalmente nuevo.[1]

Pero no es que la filosofía continental haya abandonado el discurso racional. El principal instrumento de la filosofía es la razón. Justamente aquí radica su diferencia con la religión. Cuando el filósofo se hace preguntas como "¿qué es el ser?", o "¿qué sentido tiene la vida?" "¿qué es el bien y el mal?" "¿qué podemos conocer?", no se va a quedar satisfecho con las respuestas dogmáticas de las grandes religiones, que se fundan en la fe, sino que por medio de la razón intentará argumentar y justificar su posición. Por ejemplo, el filósofo y teólogo san Anselmo de Canterbury, creía, en tanto que era monje benedictino, en Dios por

---

1 Trabajé esta cuestión más detenidamente en Belgrano (2021a).

la fe. Sin embargo, como filósofo, sintió la necesidad de formular un argumento racional para demostrar su existencia, lo que se conoce como "el argumento ontológico". De la misma manera, si el filósofo escocés David Hume sostiene que la causa no existe en la realidad, sino que es una construcción mental que se funda en el hábito, lo que le exigiremos, si queremos hacer filosofía, es que, más que una mera afirmación, proponga argumentos sólidos y consistentes que lo prueben. La validez de un argumento se funda en que las conclusiones se sigan de las premisas, que tenga coherencia y consistencia. Sin embargo, esto no quiere decir que la filosofía pueda y deba dar una explicación racional, total y definitiva del universo. Las respuestas de filosofía no pretenden ser absolutas porque no podemos dar cuenta de todos los misterios. Más bien intenta introducir orden, inteligibilidad, razón, en un mundo desordenado. Atisbos fragmentarios, contingentes, que pretenden organizar y explicar la realidad en la que vivimos. La filosofía, por lo tanto, es un esfuerzo constante de explicar lo real, aunque sus postulados sean siempre parciales y abiertos.

Pero además podemos señalar otra función crucial en el desarrollo del conocimiento. La filosofía nos ayuda a comprender los conceptos que forjan cómo pensamos el mundo. Si la biología investiga la estructura y composición de los seres vivos, la física, las leyes del universo, sea a nivel subatómico, sea a nivel macroscópico, y la química, la estructura y composición de lo material, la filosofía, entonces, estudia la estructura y composición de nuestras *ideas* y *conceptos*. Como vimos en el capítulo anterior, lo que entendemos por ser humano, por género, por inteligencia y democracia articula el mundo en que vivimos, nuestras identidades y nuestras prácticas. La filosofía se trata de crear y analizar conceptos que nos permiten analizar la realidad de distintos modos. Como dicen Deleuze y Guattari, más que reflejos de una realidad, el concepto es una herramienta para iluminar el mundo. "Los conceptos no nos están esperando hechos y acabados, como cuerpos celestes. No hay firmamento para los conceptos. Hay que inventarlos, fabricarlos o más bien crearlos" (Deleuze & Guattari, 2023, p. 11). Más que esquemas estáticos, los conceptos hay que crearlos constantemente para explicar las problemáticas del presente. No es que ciertos conceptos sean más válidos o legítimos que otros. No debemos entender la filosofía, a diferencia de la ciencia, como un conocimiento progresivo donde un pensador va superando y corrigiendo al otro. No es que Aristóteles refutó definitivamente a Platón y siglos más tarde Kant enterró por siempre la metafísica aristotélica porque estaba equivocada. Distintos filósofos propusieron distintos conceptos que fueron útiles para interpretar problemas de su tiempo. Más que teorías verdaderas, la filosofía es una usina constante de conceptos que nos proveen lentes únicos para mirar la realidad. De la misma manera que la usina transforma distintas formas de energía en fuerza aplicable a diferentes usos, la filosofía convierte la energía del pensamiento en conceptos que nos permiten comprender distintas problemáticas. Más que teorías cerradas y estáticas, la filosofía es una fuente dinámica de formas de entender el mundo.

Más adelante hablaremos sobre el concepto de "posverdad" o de "inteligencia artificial", que nos sirven para traer luz a fenómenos contemporáneos. Otro ejemplo podría ser el concepto de "estado de excepción" de Giorgio Agamben. En *Homo Sacer: El poder soberano y la vida desnuda* (2017) toma este concepto de Carl Schmitt, filósofo del derecho alemán, para intentar comprender cómo fue posible algo como los campos de concentración y exterminio durante la Alemania nazi. Más que hacer un recuento histórico de lo sucedido, le interesa explorar cuáles fueron las condiciones de posibilidad de estas prácticas criminales, qué estructura jurídico-política específica fue lo que posibilitó los campos de concentración. El "estado de excepción" se refiere a un momento en el que el Estado suspende temporalmente el orden jurídico vigente ante una emergencia. Por esta razón se le otorgan poderes extraordinarios al soberano para que restaure el orden de las cosas y que el derecho pueda aplicarse nuevamente como se hacía regularmente en una situación estable. En este marco fue posible que Hitler se arrogue poderes extraordinarios y aparezcan los campos de concentración. Agamben concluye que la excepción es una estructura jurídica fundamental a la hora de entender la soberanía. Es decir, el estado de excepción no es meramente algo del pasado, de una etapa oscura del siglo XX, sino que es una herramienta que utilizan los gobiernos soberanos para suspender las reglas ordinarias y otorgarse a sí mismos el poder de hacer lo que sea que consideren necesario para solventar la "crisis" a la que se enfrentan, aunque esto signifique vulnerar ciertos derechos de los ciudadanos. A lo largo de la historia, los estados de excepción fueron instaurados ante guerras o grandes emergencias específicas. Sin embargo, en las últimas décadas los conceptos de "crisis" y "guerra" se han vuelto tan ambiguos que los estados de emergencia se declaran cada vez con más asiduidad (piénsese, por ejemplo, en la "guerra contra el terrorismo" o "la guerra contra el narcotráfico" o "la guerra contra el virus").[2]

Quizá no se trate de recuperar el lugar de madre de las ciencias, sino de ponernos en un lugar fraterno, de asumir un rol de hermanos, es decir, como un par. Ciertamente también, como hermanas, ciencia y filosofía pueden colaborar en la búsqueda del conocimiento. Por ejemplo, la filosofía de la ciencia o epistemología se pregunta cuestiones como: ¿Cuándo decimos que un cono-

---

2 He desarrollado estas ideas aplicadas a la crisis del COVID-19 en Belgrano (2020).

cimiento es legítimo? ¿Cómo se adquiere? ¿Cómo validamos el conocimiento que llamamos científico? Estas reflexiones no competen a la práctica cotidiana del científico, sino que tienen que ver con la naturaleza del conocimiento. Por ejemplo, ¿es la astrología una ciencia? Muchos sostendrían que no. Pero ¿por qué? Podríamos argumentar que las predicciones de la astrología no son claras y precisas, por lo que no se pueden verificar con certeza. Este tipo de preguntas, aunque obviamente se las pueden hacer los mismos científicos (y a menudo se las hacen), no son preguntas propias de la ciencia, sino preguntas filosóficas.

Pero los aportes de la filosofía no provienen exclusivamente de la epistemología. Distintos conceptos o teorías de esta antigua disciplina, no estrictamente provenientes de la filosofía de la ciencia, pueden ser una herramienta útil al desarrollo de la ciencia. Por ejemplo, la filosofía del pensador francés Maurice Merleau-Ponty fue crucial en cómo los biólogos chilenos Humberto Maturana y Francisco Varela pensaron la vida. Merleau-Ponty se propuso repensar la oposición clásica entre conciencia y mundo. El ser humano ni es una conciencia que constituye el mundo, ni es un mero objeto más sujeto a las leyes de la naturaleza. Es, en términos del filósofo, un "sujeto brindado al mundo" (Merleau-Ponty, 1984, p. 11). No es que nosotros estamos, por un lado, y el mundo por el otro, estamos íntimamente ligados y eso es lo que estructura nuestra vivencia del mundo. Lo que nos rodea no se nos presenta como meros objetos externos, sino como entes significativos para nuestra existencia. El mundo es la arena donde se da la experiencia vivida. Desde este marco, Varela y Maturana entienden el ser vivo como una entidad autónoma que se constituye a sí misma. Esto es lo que llaman la *autopóiesis*, proveniente del griego que significa literalmente "autocrearse". En este constituirse a sí mismo constituye, a su vez, a su medio. El medio ambiente está siempre referido al sistema viviente, a lo que Merleau-Ponty llama mundo, que es siempre mundo vivido, siempre significativo para un organismo. El ente vivo es el centro a partir del cual se organiza significativamente un medio ambiente. El organismo transforma el medio en un mundo. La fenomenología de Merleau-Ponty le da a Maturana y a Varela un insumo conceptual que les permite, desde la biología, superar una concepción mecanicista de la vida y proponer una nueva concepción del organismo.

Por lo tanto, la filosofía, ya no madre, sino hermana, puede colaborar con las ciencias, reflexionando sobre sus presupuestos, el modo en que adquiere conocimiento y proveyendo conceptos iluminadores. Sin embargo, también la filosofía es una forma de conocimiento autónoma, aunque no empírica, que busca explicar racionalmente los misterios del mundo y proponer conceptos que nos ayuden a iluminar la realidad.

EL HUMANISTA MAQUÍNICO

En 1925, un no ya tan joven Heidegger se encontraba luchando por conseguir un cargo fijo en la Universidad de Marburgo. Nicolai Hartmann había aceptado una posición en la Universidad de Colonia y había dejado una vacante libre. La Universidad propuso al Ministerio de Educación a Heidegger como su sucesor. Pero desde Berlín rechazaron la candidatura del mítico filósofo. El ministro Becker argumentaba lo siguiente: "A pesar de todos mis reconocimientos de los éxitos docentes del profesor Heidegger, no me parece viable la concesión vitalicia de una cátedra de tanta importancia histórica como esta, mientras no vean la luz grandes producciones literarias que merezcan un reconocimiento señalado de los compañeros de especialidad, cosa que se requiere para la provisión que nos ocupa" (Safranski, 2003, p. 177). En definitiva, Heidegger no pudo obtener el nombramiento debido a su improductividad académica. Aunque reconocen que era un gran docente, no había escrito nada de valor para la comunidad filosófico-académica. Este rechazo fue lo que motivó a Heidegger a comenzar a escribir *Ser y tiempo*, una de las obras más influyentes de la historia de la filosofía.

Hoy, posiblemente, Heidegger no habría ganado tampoco ningún concurso. Incluso le habría sido más difícil que en esos tiempos. Los libros tienen cada vez menos valor en la consideración de los evaluadores y muy difícilmente con ese estilo críptico, casi místico, hubiese logrado publicar un *paper*. Frases como "la nada nadea" no serían aprobadas nunca por el revisor de un *journal*. Una mente disruptiva como la de Heidegger habría sido excluida del mundo académico contemporáneo por considerarse improductiva o habría sido readaptada a los parámetros esperados de un *scholar* promedio. En agosto del 2023, en plena campaña presidencial y luego de haber logrado un gran resultado en las primarias, Milei cuestionaba la productividad del CONICET. "¿Qué productividad tienen? ¿Qué han generado los científicos?" (*Infobae*, 2023). Las humanidades son las primeras en ser catalogadas como "improductivas": no producen patentes, ni productos comercializables, ni nada mercantilmente valioso (a lo sumo algunos libros que comprarán algunos curiosos). Pero esta no es la única manera de medir la productividad. Por el contrario, en los últimos años se ha consolidado un paradigma donde las humanidades son, dentro de los criterios de la comunidad científica, altamente productivas.

En el siglo XXI el *homo academicus* ha mutado a un "humanista de rendimiento". El sujeto de rendimiento es quien, por una aparente voluntad propia, es decir, sin que se le impongan ciertas restricciones externas directamente, elige ciertos modos de vida que limitan su libertad. Es decir, es él mismo el que genera ciertas exigencias frente al trabajo que producen su condición de explotado. Como dice Han (2012), de este modo, "no está sometido a nadie, mejor dicho, solo a sí mismo" (p. 31). En realidad, lo coercitivo es el contexto y la capacidad de elección de los individuos, bastante limitada. "*Publish or perish*" dicen los angloparlantes: "publica o morirás". Para mantenerse vivo en el mundo académico, es imprescindible publicar incansablemente. Y no publicar cualquier cosa: artículos, también llamados *papers,* en revistas con referato ciego (es decir, que son evaluados por pares anónimamente). En la mayoría de las convocatorias para becas o cargos de investigación, lo que más se valora es la publicación de estos artículos. Muchas universidades pagan estímulos adicionales si se publica en revistas de determinado nivel. Por lo tanto, cuanto más, mejor. En el contexto argentino, por ejemplo, donde hubo recortes en las plazas disponibles y, por ende, haciendo los concursos cada vez más competitivos, encontramos académicos con una altísima cantidad de artículos en revista de primer nivel que no pueden ingresar al sistema. Para pertenecer cada vez hay que producir más, más y más, aunque nada está asegurado. Pero no solo se trata de escribir constantemente, sino de ser evaluado una y otra vez, y muchas veces rechazado en varias oportunidades hasta poder ser publicado. El humanista no tiene otra opción que producir masivamente, se transforma en una máquina de producir *papers*. El humanista, paradójicamente, se torna maquínico.

No hay *homo academicus* serio, por lo menos si quiere sobrevivir en la jungla académica, que no tenga un montón de índices y clasificaciones en la cabeza antes de enviar un *paper*. No se trata solo de producir masivamente, sino también de ser estratégico en *dónde* uno publica. Sin un GPS de índices de revistas, uno está perdido. En dónde está indexada una revista (por ejemplo, Scopus o

Scimago son los más prestigiosos) es determinante a la hora de elegir dónde publicar. Los índices conforman *rankings* (en CONICET, por ejemplo, si la revista pertenece a los mencionados Scopus o Scimago, entre otros índices, se clasifica nivel 1) y hacen más o menos valiosos los propios trabajos que allí se publican. De la misma manera, se generan *rankings* de los mismos investigadores según la cantidad de publicaciones, las descargas, la cantidad de citas que reciben los trabajos de uno. La bibliometría ha penetrado en todos los rincones del mundo académico, volviendo el conocimiento intelectual meticulosa y minuciosamente cuantificable. Pero, además, detrás de estas métricas "globales" se esconde un cierto colonialismo. Hace un tiempo no obtuve una beca muy prestigiosa porque me faltaban "publicaciones internacionales" en mi currículum, a pesar de contar con artículos en Perú, Chile, Colombia, España, México. Aquí "internacional" tiene un sentido muy preciso: Europa y Estados Unidos, los dueños de las editoriales que controlan el gran mercado de las publicaciones académicas. Es en estos *journals* donde debe aparecer el nombre de un autor para ser validado por la comunidad internacional. De esta manera, como sostiene Segato, nos acostumbramos a medirnos con los ojos del Edipo del Norte y crea la ilusión de que estamos en igualdad de condiciones a la hora de producir ciencia (cuando no lo estamos) (Segato & Álvarez, 2016, p. 207).

Pero, curiosamente, esta homogenización y cuantificación del trabajo académico responden a un proceso de industrialización del ámbito científico. Muchas de las críticas que se esbozan a nuestro campo giran en torno a la falta de productividad, pero justamente el mundo académico actual se ha moldeado en los últimos años mirando un paradigma mercantilista y productivista. La lógica de las fábricas, las empresas y las grandes industrias, que buscan la máxima eficiencia y el control absoluto del proceso, se proyecta sobre la academia y la universidad. Esto es lo que Theodore Adorno llamaba, tempranamente, "la utilización industrial, altamente racionalizada, de la producción espiritual" (p. 103). Cuenta el filósofo alemán que luego de una conferencia en la Sociedad Psicoanalítica de San Francisco decidió enviar el texto a la revista especializada de la Sociedad. Cuando le envían las pruebas de galera, Adorno descubre que el texto había sido modificado a tal punto que era irreconocible. Frente a las protestas del filósofo, la revista respondió que en eso consistía su famoso *editing* para darle homogeneidad a la revista y que podía retirar el artículo si no estaba de acuerdo. Finalmente, ante esa "universal técnica de la adaptación, la revisión y el arreglo, que, en Estados Unidos, impotentes autores no tienen más remedio que tolerar" (p. 102), Adorno decidió no publicar el texto. Los artículos cada vez más breves, escritos siempre en el mismo tono y con un estilo homogéneo, responden a la lógica de un consumidor cada más chato, lo que, según Adorno, "amputa quizá lo que ellas [las creaciones espirituales] contienen de nuevo y productivo" (p. 103). La homogenización y cuantificación de la producción académica responden a una lógica mercantilista, propia de aquellos que critican a las humanidades, para medir el trabajo intelectual (¿cómo medir sino el rendimiento de estos "vagos" cuyo trabajo es leer?).

> Si un día el espíritu es enviado a paseo, como muchos sin duda quisieran; si es adaptado al gusto del consumidor, en el que domina lo comercial, al tiempo que este abraza su inferioridad como pretexto de la propia ideología, entonces habrá sido eliminado el espíritu tan de raíz como bajo las cachiporras fascistas. (Adorno, 1993, p. 103)

En las críticas dirigidas a la financiación de las humanidades, frecuentemente se confunde productividad con rentabilidad. La cuestión de fondo es si esta inversión estatal puede traer un rédito económico o no a corto o largo plazo. Es cierto que el humanista maquínico rinde con creces dentro de un sistema académico donde los índices de productividad son fácil y claramente trazables. Sin embargo, el hecho de que la comunidad científica se haya construido siguiendo un modelo mercantilista e industrialista no quiere decir que nuestra disciplina produzca grandes bienes comerciales. Quizás algún libro puede tener un valor monetario, pero difícilmente una investigación filosófica traerá grandes fortunas al país. Y es aquí donde se abre a otra discusión: ¿el Estado solo debería financiar aquello que dé rédito económico? Más adelante volveré sobre esta cuestión.

Por supuesto que muchos investigadores son reticentes y críticos a este sistema. Rita Segato llega a anunciar, bajo este sistema, el suicidio del pensamiento (Segato & Álvarez, 2016, p. 206). Es más, son pocos los que defienden el *statu quo* académico y, por lo general, son más los resignados a aceptar el sistema actual como el único posible. Pero esto no quiere decir que el sistema científico no sea, según el criterio interno de cada disciplina, altamente productivo. Por el contrario, el rendimiento sobresaliente en las humanidades puede llegar a ser contraproducente: nada garantiza innovación y calidad académica. Hace unos años, en una reunión con la dirección de investigación de una universidad, me confesaron abiertamente: "no me importa si estudian la cura del cáncer o el concepto de οὐσία en Aristóteles, lo único que nos importa desde la universidad es que publiquen en revistas de primer nivel". A nadie parece importarle la calidad de lo que los investigadores escriben, sino que aparezca la afiliación de la universidad en el artículo y que sume para los *rankings* universitarios. No importa la calidad, sino aportar al flujo interminable de publicaciones. Por supuesto que esto no garantiza calidad: los grandes filósofos de los últimos cincuenta años publicaron pocos o ningún *paper*. El criterio de la cantidad se aplica también a las veces que uno es citado. Cuantas más citas tiene un autor, mejor valorado es por el sistema. Aquí hay algo extraño: que un texto sea muy citado no quiere decir necesariamente que sea de calidad. Puede ser citado por muchos para ser refutado. Esta producción masiva genera algo paradójico: se produce mucho más que en décadas anteriores, pero se lee menos. Los avances tecnológicos (la computadora, el *mail*, los autocorrectores, el software para citar automáticamente), combinado con esta sobreexigencia general, han generado que haya más escritores que lectores. Los *papers* nacen huérfanos de lectores.

Por otro lado, el sistema de revisión por pares hace cada vez más difícil decir algo nuevo y original. Más bien, es un método de evaluación conservador. Las innovaciones más radicales, las propuestas fuera de los esquemas, tienden a ser rechazadas. Si no citas una cantidad de autores y textos canónicos referentes al tema del *paper*, difícilmente será publicado. La objeción más fácil y cómoda siempre es "falta citar tal o cual autor". Además, siempre existe el evaluador que quiere que escribas el *paper* que hubiera escrito él. Los editores, sin tiempo de leer todo lo que llega a sus casillas, descansan sobre la autoridad infalible de los evaluadores. Aproximadamente al año de enviar su artículo, si tiene suerte, se le informa al autor que su trabajo fue "aceptado con revisiones" (aceptado sin revisiones es casi un imposible). Siempre es positivo recibir críticas constructivas de un escrito propio (en mi caso muchas han sido una gran ayuda para mejorar mis trabajos), pero frecuentemente uno recibe, por el contrario, el ego de un evaluador herido. Las objeciones son muchas veces arbitrarias y suponen reescribir por completo el texto. Las "sugerencias" de los evaluadores, por lo general, deben seguirse a rajatabla si uno no quiere ser rechazado. Apremiado por la necesidad de publicar, el autor cede ante todas las objeciones de los evaluadores para que el artículo salga lo antes posible. No olvidemos que, si no publicás, la muerte acecha al otro lado de la esquina. El humanista de rendimiento es un sobreviviente. El economista Bruno Frey es un poco más sutil:

> ... los académicos venden su alma para ajustarse a la voluntad de otros, los árbitros y editores, con el fin de obtener una ventaja, a saber, la publicación. La mayoría de las personas que se niegan a prostituirse y a seguir las exigencias del sistema no son académicos: no pueden entrar en el mundo académico o tienen que abandonarlo porque no publican. Su integridad sobrevive, pero desaparecen como académicos. (Frey, 2003, p. 206)

No pretendo, ni Frey tampoco, moralizar la cuestión. Es una decisión de las personas presentar sus ideas en el mercado. Aquí Frey describe, a mi parecer, algo que nos sucede constantemente a los investigadores en el mundo académico: tener que elegir si uno sigue sus propios parámetros o si acepta los del otro para obtener un beneficio. La pregunta es si este sistema nos da mejores resultados o, por el contrario, deteriora el conocimiento intelectual. Como señala Frey, originalmente el sistema de revisión por pares buscaba seleccionar los mejores artículos, pero mutó en un sistema que censura lo no convencional (p. 212). Una idea innovadora siempre genera reticencias, sobre todo en aquellos que trabajan hace tiempo en el mismo campo. Una tesis más radical puede poner en jaque las posiciones de los evaluadores, o bien, simplemente pueden no estar de acuerdo, pese a que los argumentos sean buenos. El sistema de evaluación por pares, más que seleccionar los mejores trabajos, elige los más convencionales, homogeneizando así la discusión dentro del campo de conocimiento.

Por ejemplo, en el mundo académico actual un filósofo como Friedrich Nietzsche difícilmente hubiese podido desenvolverse exitosamente. Ya en su tiempo no la tuvo fácil y generó ciertas reticencias en su campo, la filología clásica. "Ingeniosa borrachera" fueron las palabras con las que el filólogo alemán, su maestro, Friedrich Wilhelm Ritschl describió el entonces reciente libro *El nacimiento de la tragedia* (1872). Nietzsche era hasta la publicación del texto la gran promesa de la filología. Pero sus polémicas interpretaciones, más filosóficas que filológicas, y su estilo artístico-romántico lo desterraron de las altas cumbres académicas.[1] Wilamowitz-Moellendorf, que luego se consagrará como unos de los filólogos más importantes de Alemania, es aún más lapidario: "que se baje de la cátedra, en la que ha de enseñar ciencia; que congregue tigres y panteras bajo sus rodillas, pero no a la juventud filológica de Alemania" (citado en Safranski, 2004, p. 87). Nietzsche sentenció así su proscripción de los claustros académicos. No es que el filósofo alemán no fuera consciente de su incompatibilidad con los estándares del ámbito universitario. Él mismo no se reconoce como filólogo y que está "en peligro de ser objeto de burla" por su propia mano (F. Nietzsche, 2007, p. 122). En 1870, dos años antes de la publicación de *El nacimiento de la tragedia*, dicta la conferencia sobre Sócrates y la tragedia que produce un escándalo. Más que el deseo por ser un filólogo reconocido, en sus entrañas se gesta otra cosa: "Ahora, dentro de mí, ciencia, arte y filosofía crecen juntos de tal forma que alguna vez, ciertamente, pariré

---

1   Ritschl confiesa: "Es extraño cómo en este hombre viven realmente dos almas, una al lado de otra. Por una parte, el método más estricto de investigación científica especializada..., por otra, ese fanatismo religioso-mistérico-artístico, wagneriano-schopenhaueriano... que raya en lo incomprensible. [...] Lo que más me molesta es su impiedad para con su auténtica madre, que le ha amamantado en sus pechos: la filología" (Casares, 2005, p. 33).

centauros" (Nietzsche, 2007, p. 123). Difícilmente hoy consiga Nietzsche el financiamiento para parir estos centauros.

En resumen: quienes se dedican hoy a las humanidades son altamente productivos según criterios nacionales e internacionales. Frente a las acusaciones de que los investigadores no producen nada, la realidad nos muestra que es lo contrario. Los humanistas se han vuelto máquinas. Justamente, el modelo de valoración del trabajo científico se toma de un paradigma industrialista. Esto no quiere decir que el sistema académico no esté exento de críticas y que no debamos seguir pensando los modos de generar conocimiento innovador y, al mismo tiempo, encontrar parámetros que aseguren la calidad de nuestro trabajo.

MATAR AL GENIO

En 1572, en alguna parte perdida de la región de Dordoña, a los treinta y nueve años de edad, Michel de Montaigne se encerró en la torre de su castillo, rodeado de una opulenta biblioteca, para dedicarse durante los siguientes veinte años de su vida a trabajar en soledad en sus famosos *Ensayos*. Pero su soledad no era solamente un factor exterior que le permitía filosofar. Fue en su retiro interior, encontrándose cara a cara consigo mismo, que pudo encontrar las grandes verdades de la existencia. De manera semejante, Heidegger construyó en 1922 una pequeña cabaña en medio de la Selva Negra. Luego de cada semestre universitario, el filósofo se recluía durante meses en su refugio, a escribir. Fue en esta pequeña fortaleza de madera donde encontró la inspiración para sus más cautivadoras conferencias y donde engendró su famosa obra *Ser y tiempo*. Montaigne y Heidegger, llaneros solitarios de la filosofía, se retiran del mundo para desarrollar su pensamiento. Este solipsismo metodológico se replica hoy en ciertos prejuicios que tenemos sobre el quehacer del filósofo. El filósofo trabaja solo, apartado en su estudio, en el refugio de su torre. Basta con ver una biblioteca de filosofía, ¿cuántos grandes trabajos encontrarás escritos en colaboración? Los textos de Deleuze y Guattari, *Imperio* de Toni Negri y Michael Hardt, pero no mucho más. El filósofo es una especie de genio que alcanza en soledad las grandes verdades de su tiempo. Una figura casi profética que debe subir a la montaña, lejos del vulgo, para que, en el silencio, ciertas respuestas florezcan. Y en tanto genio, este ascenso a las alturas no debe ser en vano. O, en otras palabras, su obra debe producir grandes cambios en su campo. ¿Qué sentido tiene financiar investigaciones tan específicas como un trabajo sobre los diferentes usos del término οὐσία en Aristóteles, la recepción de Orígenes en la filosofía renacentista o el uso de la coma en Wittgenstein? ¿No habría que buscar promover investigaciones de "mayor impacto"? ¿Por qué invertir en estudios científicos que no tienen ningún aparente interés para el gran público? La idea del genio solitario es funcional al desfinanciamiento del campo filosófico. Ni el filósofo es una mónada que trabaja por sí mismo,[1] ni todo *paper* debe ser una revolución.

Uno de los grandes sistematizadores del concepto de genio es el filósofo alemán Immanuel Kant. En la *Crítica del juicio* (1790), donde analiza la experiencia estética, Kant va a sostener que, si bien lo bello se da propiamente en la naturaleza, gracias al genio podemos encontrar arte bello. El genio, tal como lo define el filósofo, es el que tiene el dote natural de darle regla al arte. No aplica reglas previas, sino que crea nuevas reglas para entender el arte. Por eso, la primera cualidad del genio es la originalidad. El artista crea un nuevo criterio para entender el arte distinto a todo lo anterior. Ahora bien, esta capacidad es innata. O uno nace siendo genio o uno no lo es. El genio no se forma ni educa, no tiene maestros ni modelos. No se llega a genio con práctica (aunque por supuesto necesita instrucción en las herramientas básicas de su disciplina). En segundo lugar, el genio es, además de original, también ejemplar. La obra del genio sirve como modelo. Su obra, que no surge imitando a otros, sirve para que otros la imiten. De alguna manera, su creación es la que da, a partir de su aparición, las reglas del arte. Por ejemplo, la aparición de *Las señoritas de Aviñón* de Pablo Picasso significó la inauguración del movimiento cubista. Es como si dijera: a partir de ahora van a entender el arte desde este modelo. En tercer lugar, su proceso creativo es un misterio. El genio no puede dar cuenta de su hacer, no puede describirnos cómo llegó a algo tan magistral. Justamente por eso la genialidad no se puede reducir a una fórmula o a una receta, no puede reproducirse. Es algo que le sale casi naturalmente. Más que un plan o un inventario de procedimientos, el artista crea espontáneamente sin tener plena consciencia del proceso creador. La creación es un misterio para el mismo artista. Este misterio lo inviste de un poder casi mágico, irracional, inexplicable. Esta es la gran diferencia, para Kant, entre el artista y los científicos y los filósofos. Genio solo es el artista. El genio no es sencillamente el creativo, el que inventa algo nuevo, sino quien produce arte bello. La diferencia, por ejemplo, dice Kant, con Isaac Newton, es que el científico puede explicar los pasos que

---

1 Tanto es así que la idea original de este capítulo es de mi amigo Martin Grassi, la cual surgió en un ciclo de entrevistas sobre estos temas que realicé en mi Instagram (https://www.instagram.com/p/C4JFAFsy2fD/).

le permitieron alcanzar las conclusiones a las cuales llegó, puede reconstruir su razonamiento. El artista no. Newton será una de las "grandes cabezas" de la historia, pero no un genio.

Pero esta idea de genio se ha permeado en la filosofía y tendemos a ver a los pensadores como grandes genios, es decir, como estrellas meteóricas que irrumpen sin previo aviso en la historia. Platón, Descartes, Hegel, Nietzsche o Heidegger se nos presentan como pensadores prometeicos que introducen una novedad radical en la filosofía y que nada tienen que ver con lo anterior. El filósofo sería algo así como un genio inspirado que viene a traernos una verdad revelada caída de los cielos. En esta misma línea, la historia de la filosofía vendría a ser un panteón de seres extraordinarios, míticos, capaces de resolver los enigmas del universo. De esta manera, extrapolamos algunas características del genio artístico kantiano a los grandes filósofos del canon (casi todos hombres europeos): absolutamente originales, misteriosos, ejemplares.

Por supuesto que no pretendo negar que, en los casos mencionados, se tratan de "grandes cabezas", al decir de Kant. Pero ni la filosofía ni los filósofos nacen de un repollo. ¿Qué sería de Aristóteles sin Platón? ¿Qué sería de la *Crítica de la razón pura* si Kant no hubiese sido despertado del sueño dogmático por Hume? ¿Qué sería de Hegel sin Fichte y sin Kant? ¿Qué sería de Marx sin Hegel? La historia de la filosofía, y las obras filosóficas, son diálogos de pensamiento. Por supuesto que no estoy diciendo nada original, pues esto sería justamente ponerme en el lugar de un genio, sino volviendo sobre la ya vieja idea –aunque muy citada en el mundo del arte, bastante olvidada en la filosofía– de la muerte del autor. Roland Barthes (1994) sostiene que un texto es un entramado de innumerables citas, y cito, "provenientes de los mil focos de la cultura" (p. 69). La idea de un autor absolutamente original, de un "Autor-Dios", como lo llama Barthes, es una perspectiva moderna un poco desmesurada. El poder del autor es mezclar las escrituras y así hacer un cóctel único. "El origen de la obra de arte" de Martin Heidegger (2012), si es posible circunscribirlo a un autor, puede servirnos de ejemplo de esta posición. Tal como sostengo en mi libro *El oasis del arte en la filosofía de Martin Heidegger* (Belgrano, 2023), el ensayo se presenta como un aparente oasis dentro de la historia de la filosofía, ajena a las grandes discusiones de la historia de la estética. No se alude ni a la *Crítica del juicio* de Immanuel Kant, ni a las *Lecciones de Estética* de Georg Wilhelm Friedrich Hegel, ni a Friedrich Schelling, ni a Friedrich Nietzsche, por nombrar algunos. Sin embargo, por más que no se ponga sobre la mesa, "El origen de la obra de arte", más que un puñado de frases potentes y fuera de contexto, es un palimpsesto de múltiples capas textuales. Por ejemplo, la famosa sentencia "la obra de arte es puesta en obra de la verdad" supone toda una discusión con Schiller, Kant y Nietzsche, como se aprecia en las lecciones de la época, y por supuesto con Hegel y su tesis del fin del arte, como el mismo Heidegger deja entrever en el epílogo. "El origen de la obra de arte" lejos está de ser un oasis en la historia del pensamiento de Occidente; es uno de los grandes textos de la historia de la filosofía del arte, pero a la vez un tejido compuesto de múltiples voces. Los y las grandes filósofos y filósofas son grandes cabezas que, en ese diálogo, toman distintos elementos y, vibrando con su época, son capaces de proponer una nueva perspectiva.

Ahora bien, es necesario generar las condiciones de ese diálogo para que surjan grandes ideas. No todo filósofo o filósofa es un genio/a, ni toda filosofía es una revolución. En palabras de Nietzsche:

> Insisto en que se deje por fin de confundir a los trabajadores filosóficos y, en general, a los hombres científicos con los filósofos, —en que justo aquí se dé rigurosamente «a cada uno lo suyo», a los primeros no demasiado, y a los segundos no demasiado poco. Acaso para la educación del verdadero filósofo se necesite que él mismo haya estado alguna vez también en todos esos niveles en los que permanecen, en los que *tienen que* permanecer sus servidores, los trabajadores científicos de la filosofía; él mismo tiene que haber sido tal vez crítico y escéptico y dogmático e historiador y, además, poeta y coleccionista y viajero y adivinador de enigmas y moralista y vidente y «espíritu libre» y casi todas las cosas, a fin de recorrer el círculo entero de los valores y de los sentimientos valorativos del hombre y a fin de *poder* mirar con muchos ojos y conciencias, desde la altura hacia toda lejanía, desde la profundidad hacia toda altura, desde el rincón hacia toda amplitud. Pero todas estas cosas son únicamente condiciones previas de su tarea: la tarea misma quiere algo distinto — exige que él *cree valores.* (Nietzsche, 1997, pp. 165-166)

Nietzsche aquí distingue, quizás de un modo despectivo (que no pretendo replicar), entre los filósofos, los que hacen verdaderamente filosofía, y los trabajadores de la filosofía, los académicos e historiadores de la filosofía. El filósofo solo llega a ser filósofo gracias a los obreros de la filosofía. En otras palabras, el filósofo para introducir una novedad en su campo debe haberse formado en este mismo campo, debe haber pasado por esa instancia, la de trabajador, para alcanzar su verdadera tarea: crear valores. Es en ese diálogo con la tradición filosófica donde el filósofo encuentra su posición, aunque sea antagónica a esta. No hay algo nuevo sin lo viejo, no hay una filosofía extraordinaria sin lo ordinario. De la nada nada sale y tampoco sale la filosofía.

Gilles Deleuze lo dice de otra manera: hacer historia de la filosofía es como hacer retratos. Todo gran artista comienza con esta tarea. En nuestra disciplina equivaldría a investigar y analizar con detalle el pensamiento de un autor, lo que llamamos historia de la filosofía. Pero hacer retratos de los grandes filósofos claramente es una actividad filosófica, de la misma manera que hacer estas pinturas es parte esencial de la pintura. No se trata de copiar lo que dijo el autor comentado, sino de captar la actualidad de sus conceptos. Hay que dominar bien los colores de la filosofía antes de poder lanzarse a una filosofía propia. Por eso Deleuze comenzó sus primeros años haciendo retratos: de Hume, de Nietzsche, de Spinoza, de Bergson, de Kant. Por eso, para crear conceptos –y esa es la tarea propia de la filosofía para Deleuze– es preciso trabajar modesta y arduamente pensando lo que otros han dicho. El filósofo francés se refiere también a esta primera época de una forma menos elegante: leer los grandes autores es culearlos (*enculer*, en francés todo suena más fino):

> Pero, sobre todo, el modo de salirme con la mía en aquella época era, creo, concebir la historia de la filosofía como una especie de culeada [*sorte d'enculage*] o, lo que es lo mismo, una inmaculada concepción. Me imaginaba yendo a espaldas de un autor y dándole un hijo, que sería suyo y a la vez monstruoso. Era muy importante que fuera suyo, porque el autor tenía que decir todo lo que yo quería que dijera. Pero también era necesario que el niño fuera monstruoso, porque tuvo que pasar por todo tipo de cambios, desplazamientos, rupturas, emisiones secretas, que me proporcionaron un gran placer. (Deleuze, 1990, p. 15)

El encuentro entre filósofos engendra hijos monstruosos. No se trata de alcanzar una fidelidad inquebrantable al texto o de una objetividad ciega, sino de engendrar una criatura híbrida entre dos subjetividades. El obrero de la filosofía no busca inmediatamente "crear valores", esto es, introducir una novedad radical en su campo, sino entender y ayudar a entender la tradición filosófica y, a la vez, actualizarla. Comprender estos complejos engranajes conceptuales es lo que justamente da pie a nuevos interrogantes y propuestas. Son los obreros de la filosofía –docentes, académicos, historiadores de la filosofía– los que construyen un espacio de reflexión, pensamiento y diálogo que propicia las grandes innovaciones dentro de la propia disciplina. Así como nadie recuerda a los constructores de las pirámides, nadie recuerda a los obreros del concepto detrás de los "genios" de la filosofía. Incluso más, todo gran filósofo es al mismo tiempo un trabajador del concepto. Financiar becas e investigaciones sobre historia de la filosofía, como una tesis doctoral sobre "El origen de la obra de arte" de Martin Heidegger, ayuda a crear ese entorno de pensamiento donde crecerá la filosofía, este espacio de colaboración. La gran mayoría de *papers* filosóficos no partirán en dos la historia de Occidente, así como millones de artículos sobre biología no revolucionarán su campo, pero darán lugar a nuevas discusiones. Los efectos del texto son siempre impredecibles. Ritschl nunca hubiese esperado grandes repercusiones de *El nacimiento de la tragedia* y fue un texto importantísimo en el siglo XX. Nunca podemos saber a ciencia cierta qué nuevas preguntas, indagaciones e investigaciones pueden generar un simple *paper*. En las ciencias duras se habla de "ciencia básica" como aquellas disciplinas que buscan el conocimiento por sí mismo sin una aplicación práctica inmediata o sin un rédito económico directo. Estas investigaciones pueden tener luego aplicaciones impensadas originalmente o pueden disparar otras exploraciones. Así como las innovaciones científicas se dan en este tejido de colaboraciones, lo mismo sucede en la filosofía. Todos los que nos dedicamos a la filosofía, obreros de la filosofía, vamos poniendo ladrillos, algunos más, algunos menos, en los grandes cimientos del pensar filosófico. Elijo otra figura: un actor nunca es tal aisladamente. Puede cumplir su rol en tanto se inserta en un escenario, donde hay otros actores, escenógrafos, directores, maquilladores, técnicos de iluminación, etc. El actor nunca está realmente solo, sino que puede destacarse gracias a la colaboración con otros. En filosofía o en el arte, los grandes "genios" no son solamente su cabeza, sino el producto de una red de colaboraciones, intercambios y diálogos con otras personas. Sino propiciamos ese escenario, nunca habrá pensamiento propio.

Estos espacios de diálogo y colaboración constituyen en algunas culturas y países grandes tradiciones. Algunos alumnos y alumnas a veces me preguntan: ¿por qué se habla de filosofía francesa o filosofía alemana y no de filosofía argentina, uruguaya o chilena? Sin caer en una especie de chauvinismo filosófico, esto se debe a que en estos países hay una tradición filosófica de siglos. Eso no quiere decir que aquí no haya filósofos y filósofas afirmativos, al decir de Nietzsche, pero para que emerja un pensamiento original y creativo en nuestra región, es preciso preparar un suelo fértil. Durante décadas nuestros obreros filosóficos han construido con materia importada. Quizás sea hora de hacer otros retratos, de matar a los "grandes genios" que han sido canonizados. La palabra "canon" viene del griego *kanón* que significa regla, medida. De esta manera, los filósofos que pululan por manuales de filosofía han funcionado como medida del quehacer intelectual de generaciones.

Debemos, como decía Nietzsche, tomar el martillo y destruir estos ídolos de barro para poner en su lugar una mesa donde sentarnos y conversar. Como sostiene Segato, es el diálogo y la conversación lo que hizo posible el pensamiento europeo. Por lo general, nosotros no propiciamos ese intercambio porque estamos mirando al Padre transatlántico. No nos leemos ni dialogamos entre nosotros, sino que buscamos las últimas novedades parisinas. Esta interlocución fundamental "se suspende cuando entramos en el sueño eurocéntrico, porque quien vale, quien nos valida, jamás está de nuestro lado" (Segato & Álvarez, 2016, p. 207). ¿Pero no es la filosofía un invento eminentemente griego y, por lo tanto, occidental? ¿Es la filosofía la ciencia universal para elaborar un pensamiento propio? Por supuesto que no. La filosofía puede combinarse con los saberes de otras culturas (pienso por ejemplo en Rodolfo Kusch o en Raúl Fornet Betancourt) y no tiene por qué ser la única alternativa. Podemos invitar a la mesa a un sinfín de voces, guaraníes, aymaras, africanas y orientales. Y al mismo tiempo intentar encontrar la propia identidad. Todo pensar es siempre un pensar situado. Tenemos que escuchar nuestras propias voces, las preguntas que nos hacen, los problemas que surgen de la tierra de uno. En un mundo cada vez más globalizado donde las diferencias se homogenizan, nuestra singularidad cultural y social debe ser explorada. Si no, nuevamente nuestro pensar será colonizado. Podemos discutir distintas alternativas para alcanzar nuestra identidad, pero lo que es seguro es que, en un país donde no se riega la reflexión, no florecerá nunca el pensamiento propio.

ESOS RAROS MITOS NUEVOS

Hemos visto que los filósofos hoy en día no trabajan temas meramente "sexies" que son inútiles o un mero regodeo intelectual. Por otro lado, dentro de los criterios del sistema académico, lejos de ser "ñoquis" (en Argentina se refiere a un empleado estatal que no hace el trabajo por el cual le pagan), los investigadores en humanidades son altamente productivos. Ahora bien, aceptando todo lo anterior, uno puede preguntarse legítimamente: ¿Por qué el Estado debe financiar estas investigaciones? ¿Es una inversión o un despilfarro? ¿No es más bien algo que debería pagar el sector privado?

Volvamos un poco atrás en la historia. La filosofía, como sabemos, florece en la democracia griega. Este pueblo tenía un modo de vivir en común que contrastaba con las civilizaciones de su tiempo. En otras sociedades encontrábamos sistemas jerárquicos donde uno o unos pocos se imponían por medio de la violencia sobre el resto. El rey o el emperador dictaminaba según su voluntad sobre lo que era lícito o ilícito. La *polis* griega, en cambio, se caracterizaba por poner en discusión las cuestiones que giran en torno a los problemas de la comunidad. Los ciudadanos se reunían en el ágora a discutir y votar sobre asuntos públicos. Por supuesto que esta democracia tenía sus imperfecciones: mujeres y esclavos eran excluidos del ágora y los extranjeros podían escuchar la discusión, pero no tenían poder de voto. Solo los ciudadanos varones, libres y mayores de edad podían ejercer este derecho. En este contexto, la filosofía, que busca argumentos y se pregunta por el qué de las cosas, florece como nunca antes. En un entorno en donde la discusión está a la orden del día, en donde los ciudadanos deben argumentar sus posiciones para convencer a sus colegas y el poder reside en el uso de la palabra, es un campo tremendamente fértil para el desarrollo de la filosofía. Por supuesto, filosofía y democracia no se identifican, pero comparten una serie de características en común: la necesidad de la mediación de la palabra para resolver sus problemas y la autoridad de la razón como criterio común. Además, el presupuesto de la democracia es que nadie posee la verdad absoluta para definir las políticas que nos competen a todos y todas como comunidad, sino que deben discutirse y construir colectivamente. No hay aquí lugar para falsos profetas que vienen a imponer una verdad revelada. Los cimientos de este sistema político son la duda y la falta de certeza, como en la filosofía. En este sentido, la democracia, igual que la filosofía, no es sabia, poseedora de conocimiento, sino amante del saber, y siempre se encuentra, colectivamente, en búsqueda. Filosofía y demo-cracia están íntimamente ligadas.

Si la democracia es el poder (*krátos*) del pueblo (*démos*), la filosofía es un vehículo para darle ese poder. Es esta la que les permite a los individuos alcan-zar plena autonomía. Si queremos una vida democrática vigorosa, es central el desarrollo y la enseñanza de la filosofía. Esta nos ayuda a juzgar por nosotros mismos lo que se nos presenta en la vida cotidiana, a elaborar una propia posi-ción y argumentar a favor de esta, a comprender la postura del otro y, en defi-nitiva, a vivir en un mundo más racional. Solo así podremos tener ciudadanos libres y reflexivos. Por supuesto que esto no quiere decir que la función de la filosofía se reduzca a ser el sereno de la democracia (no solo muchos filósofos se han pronunciado en contra, como Platón, sino que el mismo Sócrates fue condenado por un sistema democrático). Pero es su propia autonomía, su libertad de pensamiento, la que promueve la reflexión crítica de los ciudada-nos. Como sostiene la declaración de París por la filosofía de la UNESCO en 1995: "la educación filosófica, formando espíritus libres y reflexivos, capaces de resistir a las diversas formas de propaganda, de fanatismo, de exclusión y de intolerancia, contribuye a la paz" (Droit, 1998, p. 20).

Por esta razón, durante gobiernos dictatoriales la filosofía es vigilada de cerca. Para cualquier régimen autoritario, la promoción y el desarrollo del pensamiento crítico representan una amenaza. En 1979, es decir, durante la última dictadura militar argentina, Enrique Marí dictó una conferencia sobre la obra de Michel Foucault, *Vigilar y castigar,* en la Alianza Francesa de Buenos Aires. Solo tres personas asistieron a la charla. Entre los espectadores había un agente de la SIDE (Secretaría de Inteligencia del Estado) con la tarea de vigilar (y, llegado el caso, castigar) a quien se dedicaba de difundir semejantes ideas. Por suerte, para el conferencista, el agente no pudo entender mucho, por lo que llamó al mismo Marí por teléfono para hacerles algunas preguntas para elaborar su informe (Abraham, 2001). En esa misma época, Rodolfo Kusch, el filósofo maldito, fue perseguido por sus ideas filosóficas. Quien defendiera un retorno al pensamiento de las culturas originarias y su consecuente vinculación con los procesos políticos populares, fue expulsado, poco después del golpe de Estado de 1976 por parte de las fuerzas armadas, de todos sus cargos en la Universidad de Salta. Por medio de un decreto se decidió despedir a varios profesores que no eran considerados "funcionales" para el nuevo gobierno. Su esposa Elizabeth Lanata recuerda que "se usaba una palabra que no era «subversivo» pero era algo así como «gente que no colabora con las nuevas autoridades» y se los echaba. Con ese antecedente, esa persona ya no podía entrar en ningún lado a trabajar" (Lanata de Kusch, 2015 citado en Ratti, 2024). Es luego de este suceso que Kusch, desterrado de la academia, se exilia en Maimará, Jujuy.

En *Sin fines de lucro* (2010), Martha Nussbaum investiga el rol de las humanidades y las artes en la democracia. La filósofa estadounidense pone números y datos a lo que llama una "crisis silenciosa": el desfinanciamiento de las humanidades y las artes en todos los niveles educativos para dar lugar a materias y disciplinas que aseguren el éxito económico de sus alumnas y alumnos en el corto plazo. Más que formar a las y los estudiantes en cuestiones inútiles, parecería más importante darles herramientas "prácticas" y "rentables" para desenvolverse exitosamente en el mundo actual. Pero sin advertirlo, denuncia Nussbaum, están dinamitando los cimientos de las sociedades democráticas. Ciertamente, los Estados producirán innumerables máquinas utilitarias altamente eficientes, pero despojadas de todo criterio crítico y de empatía por el otro. Las humanidades, la filosofía y las artes permiten fundamentalmente el desarrollo de capacidades claves para una democracia viva como, por ejemplo, el pensamiento crítico y la imaginación. La capacidad de pensar y reflexionar por uno mismo sobre diversos temas que nos competen a todos y todas como comunidad, en un contexto donde prolifera la información y la desinformación, es una herramienta crucial para el desarrollo de una democracia sana. Ser capaces de analizar, argumentar y debatir son elementos indispensables para cualquier sociedad que se entienda como democrática. Por otro lado, el desarrollo de la imaginación, o lo que Nussbaum llama "imaginación narrativa" (p. 132), nos permite ver el mundo con ojos ajenos, entender los deseos del otro, interpretar sus sentimientos e identificarse con el dolor del prójimo.

Pero no deseo aquí repetir lo mismo que ya ha sido muy bien analizado por Nussbaum. Más bien, volver a una idea sencilla y clásica, lo primero que se enseña en un curso introductorio: la filosofía nace con el paso del mito al *lógos*. La mitología pretende explicar los fenómenos naturales, las cuestiones del universo e incluso las vicisitudes humanas a partir de relatos que involucran la intervención de los dioses. Por ejemplo, según cuenta Platón en *Protágoras* (320d-321ac), Zeus decide encomendarles a los dos titanes hermanos, Prometeo y Epimeteo, el reparto de ciertas cualidades a cada una de las especies de animales creados. Epimeteo se ofrece a encargarse de semejante tarea. Así le dio la velocidad a la gacela, la inteligencia al zorro, las garras al león y así sucesivamente. Pero cuando llegó el turno del hombre, Epimeteo se dio cuenta de que no tenía más rasgos para asignar. Prometeo, al ver al hombre desnudo y descalzo, decide robar la sabiduría de Atenea y el fuego de Hefesto y se lo regala a los hombres. Así se explica cómo el ser humano adquiere, por intervención divina, la capacidad del arte y la técnica, cualidad que lo diferencia del resto de los animales. Este es un ejemplo más entre tantos. Sin embargo, aparecieron los filósofos que, cansados de relatos inverosímiles, querían explicar racionalmente el mundo. Tales de Mileto, Anaxímenes, Anaximandro, ya no pretendían demostrar el origen de los fenómenos a partir de fuerzas cósmicas, no postulaban relatos que les llegaban por inspiración divina, sino que intentaban dar respuestas a través de teorías racionales que se apoyaran en argumentos sólidos. Como señala Aristóteles, Tales de Mileto, por ejemplo, sostiene que el agua es el principio de todas las cosas partiendo de observaciones elementales: tanto los alimentos como la reproducción (semillas) presentan humedad y, por ende, dependen del agua (*Met.* 983 21-25). Por lo tanto, razona Tales, el principio elemental de todas las cosas es el agua. Por supuesto, hoy consideraríamos sus reflexiones un poco rústicas y básicas, pero hay un primer intento de abandonar los mitos y explicar racionalmente lo real.

En la actualidad, parece que estamos viviendo una regresión, el paso del *lógos* al mito. Lentamente, pareceríamos estar volviendo a un estado donde ya no prima la razón, sino la emoción y las creencias. La tarea de la filosofía es combatir estos mitos. Deleuze, siguiendo a Nietzsche, lo expresa de otro modo: la filosofía sirve para combatir la estupidez. En este contexto, "estupidez" significa la aceptación acrítica de cualquier relato que se presente como verdadero. En otras palabras, podríamos decir, la creencia ciega y sin cuestionamientos de un mito. La tarea de la filosofía es denunciar la necedad del pensamiento que erige cualquier ídolo de barro y desenmascarar cualquier forma de mistificación moderna. Por ello, la filosofía, afirma Deleuze, solo sirve para entristecer. En tanto desmantela el *statu quo,* nos desestabiliza, hace caer los mitos que nos brindaban una sensación de seguridad y comodidad, que convertían este mundo en un lugar más hospitalario, acogedor y predecible. Por lo tanto, el filósofo, más que alcanzar verdades eternas e inmutables, es siempre intempestivo e inactual. Hay un desfasaje esencial. La filosofía siempre es inactual frente a su actualidad. Es al día de hoy que estamos rodeados aún de mitos que alimentan nuestra idiotez. Aunque ya no hablemos de Prometeo y Epimeteo, de Zeus y su ira, otros nuevos (y raros) mitos se erigen como verdades que hay que desarmar como resistencia a la estupidez. Yo propongo analizar dos: la posverdad y la fe en la inteligencia artificial.

Comencemos con el concepto de posverdad. En nuestros tiempos la verdad ha sido devaluada a tal punto que se ha vuelto imposible saber qué es cierto y qué no. El término se popularizó en 2016 durante la campaña presidencial de Donald Trump y la del Brexit, donde se discutía la salida del Reino Unido de la Unión Europea. En ambos casos, el uso de información falsa o manipulada tuvo un rol crucial para influir en el electorado. Pero más allá de este contexto político, proliferan teorías conspiranoicas y anticientíficas que ponen en duda lo que hasta ayer se consideraba verdades evidentes e irrefutables. La frontera entre lo verdadero y lo falso es cada vez más difusa. Tierraplanistas sostienen que los gobiernos quieren ocultar que la tierra es plana. Otros defienden que el hombre no llegó a la Luna en 1969, sino que fue toda una puesta en escena del gobierno estadounidense en su batalla tecnológica contra la Unión Soviética durante la Guerra Fría. Durante la pandemia COVID-19, florecieron teorías falsas que negaban la existencia del virus y emergieron con fuerza los antivacunas. Por otro lado, los negacionistas del cambio climático sostienen que es todo una farsa de las élites globales para frenar el progreso del capitalismo. Estas teorías se han vuelto lugares comunes de la posverdad, desafiando la evidencia empírica y el consenso de la comunidad científica.

Ahora bien, "posverdad" no debe confundirse simplemente con "mentira". Para Aristóteles, la verdad era la adecuación entre un enunciado y la realidad, es decir, cuando lo que digo o pienso coincide con lo real. Por ejemplo, "esto que leo es un libro". Un enunciado falso, por contraposición, es cuando no hay una coincidencia entre mi afirmación y lo real ("esto que leo es una receta de cocina"). Pero la mentira es algo más que una proposición falsa: supone conocer qué es lo verdadero, pero intencionadamente decir lo contrario para engañar a alguien. El mentiroso, a diferencia del ignorante, sabe que está faltando a la verdad. Pero la posverdad no es exactamente lo mismo que la mentira, que claramente no es un fenómeno nuevo. El fenómeno de la posverdad refiere a la manipulación de la opinión pública presentando hechos de un modo parcial o sesgado para apelar a las emociones de los individuos, más que a verdades objetivas o corroborables. Los medios de comunicación y las redes sociales parecen ser el vehículo ideal para propagar estos mitos contemporáneos. En su libro *Posverdad* (2020), el filósofo estadounidense Lee McIntyre sostiene que este fenómeno tiene que ver con la selección de hechos según la conveniencia. Dependiendo de lo que cada uno quiera decir, hay hechos que son "más hechos" que otros. Es decir, no es que los negacionistas del cambio climático rechacen la ciencia en general o todos los hechos. Solamente no creen en aquellos que atentan contra su perspectiva. Hay un doble estándar: aquellos hechos y datos que justifican el cambio climático son producto de científicos que forman parte de una conspiración global, pero las estadísticas que justifican su posición negacionista son verdades indudables. "Los negacionistas y otros ideólogos abrazan rutinariamente un estándar de duda obscenamente alto respecto de los hechos que no quieren creer, junto con una credulidad completa hacia cualquier hecho que encaje con sus planes" (McIntyre, 2020, p. 40). Este *modus operandi* socava cualquier criterio objetivo y alcanza dimensiones peligrosas cuando, por ejemplo, se aplica a las vacunas en un contexto de pandemias o crisis sanitarias. No es que todo el mundo crea en las teorías conspiranoicas de los políticos, sino que ya nadie sabe en qué creer en un mundo donde la verdad ya no importa. Por otro lado, el emisor de cierta información sesgada no necesariamente está buscando engañar.[1] La crisis de la verdad no es que reine la mentira, sino que gobierne la duda y la falta de certezas. Y si no puedo estar seguro de nada, entonces la verdad ya nos es indiferente.

Otra de las razones, según McIntyre, por las cuales la posverdad se propaga fácilmente es que mantiene vivo nuestro sesgo cognitivo. Tendemos a evitar el descontento psíquico: nadie quiere admitir que estuvo equivocado, ni quiere sentirse estúpido, ni le gusta que lo contradigan. Cuando los hechos atentan contra nuestras ideas preconcebidas, tendemos a negarlos o buscar otra explicación. Ese es nuestro ego protegiéndose. Por esta razón consumimos canales y medios que confirman nuestras propias creencias ideológicas. El algoritmo colabora y, cuando detecta ciertas tendencias, nos muestra en el *feed* aquello que ya "sabe" que nos interesa. De esta manera, creamos una muralla que nos aísla de perspectivas diferentes y que se vuelve cada vez más difícil de romper. Cuando hablamos con otros, necesariamente chocan nuestras visiones del mundo y diferimos, discutimos y, a veces, cambiamos de parecer. Los medios de comunicación nos aíslan cada vez más de la diversidad de opiniones, haciendo más difícil contrastar la propia posición con otras alternativas. En palabras de McIntyre (2020), podemos crear nuestro propio "silo de noticias" (p. 82): si

---

1 En este sentido, Guadalupe Nogués (2018) distingue entre una posverdad casual y una posverdad intencional, esto es, cuando ciertos grupos de poder toman estos mecanismos para influir en el público de acuerdo a sus intereses. Pero esta posverdad intencional solo es posible en el estado general que causa la posverdad casual: una confusión total donde nada puede ser corroborado con seguridad.

no me gusta cómo opina alguien, puedo dejar de seguirlo. Si los comentarios de otra persona me molestan, puedo bloquearlo. Adaptamos nuestras interacciones, y, por lo tanto, nuestros canales informativos, a la medida de nuestro sesgo. Esto se combina con la emergencia de las redes sociales donde, sin ningún tipo de filtro o control, se propagan noticias falsas que no tenemos tiempo de leer más allá del titular y que bendecimos con un "me gusta".

Serán muchos los que acusen a la filosofía de ser la culpable de la emergencia de la posverdad, particularmente a los pensadores posmodernos (Ferraris, 2019; McIntyre, 2020). Como sostiene McIntyre, "el posmodernismo es el padrino de la posverdad" (p. 159). La posmodernidad, levantando el baluarte nietzscheano de "no hay hechos sino interpretaciones", le ha abierto la puerta al negacionismo científico y a la posverdad. La posmodernidad erigió sus banderas contra los grandes relatos y las verdades absolutas, afirmando que no hay una mirada objetiva del mundo, sino más bien múltiples perspectivas. Pero aún más: todo aquello que se presente como verdadero estaría mediado por ciertas relaciones de poder. La declaración de que algo es verdadero es un reflejo de la ideología de quien lo enuncia. En paralelo, el constructivismo social sostenía que las teorías científicas son constructos sociales y que no necesariamente, aunque provean soluciones, reflejan la estructura de lo real. Que se privilegie una teoría sobre otra no implica necesariamente que sea "más verdadera", sino que priman cuestiones ideológicas, intereses económicos, cuestiones de moda dentro de la comunidad científica u otros factores sociales. Esta idea de que la ciencia no puede alcanzar la verdad objetiva pone los cimientos, según McIntyre, para que políticos populistas de derecha usen los argumentos posmodernos para socavar la autoridad de teorías científicas que no coinciden con sus ideas. Si la ciencia no tiene el monopolio de la verdad, entonces, ¿por qué no negar el cambio climático o la efectividad de las vacunas contra el COVID-19? McIntyre afirma irónicamente: "Es muy divertido atacar la verdad en la academia, pero ¿qué pasa cuando esas tácticas llegan a las manos de los negacionistas de la ciencia y de los que tienen teorías conspiratorias, o de políticos sin escrúpulos, que insisten en que sus instintos son mejores que cualquier evidencia?" (McIntyre, 2020, p. 154).

Bruno Latour, uno de los principales representantes del enfoque social de la ciencia, se mostró hace varios años preocupado por las peligrosas consecuencias de su propia teoría, como la negación del cambio climático.

> Yo mismo he gastado bastante tiempo tratando de mostrar la "falta de certeza científica" inherente en la construcción de los hechos. Yo mismo lo hice un "tema principal". Pero no me enfoqué exactamente a engañar al público al obscu-

recer la certeza de un argumento concluido —¿o sí?—. Después de todo he sido acusado de haber cometido ese pecado. Aun así, no me gustaría creer eso, por el contrario, trato de emancipar al público de los hechos prematuramente naturalizados y objetivos. ¿Estaba en un error? ¿Han cambiado las cosas tan rápido? Y aún así, los programas de Doctorado están diseñados para asegurar que los buenos niños estadounidenses aprendan por el camino difícil que los hechos son creados, que no hay tal cosa como un acceso natural, sin prejuicios y sin mediadores hacia la verdad, que siempre hemos sido prisioneros del lenguaje, que siempre hablamos desde un punto de vista, y más; mientras que los extremistas están utilizando el mismo argumento de construcción social para destruir la evidencia que podría salvar nuestras vidas. ¿Cometí un error al participar en la invención de este campo conocido como estudios de ciencia? (Latour, 2004, p. 19-20)

Las herramientas críticas en las que trabajó durante tanto tiempo ahora eran utilizadas por discursos anticientíficos. Latour sostiene que no hay hechos neutros, sino que siempre accedemos a ellos a través de una mediación humana. Por ejemplo: Latour sostiene que Ramsés II no pudo haber muerto, tal como aseguran los especialistas, de tuberculosis, dado que fue en 1882 cuando el Dr. Robert Koch descubrió la bacteria "Mycobacterium tuberculosis". Por supuesto, Latour no está negando que el faraón haya muerto de lo que hoy llamamos tuberculosis; lo que está diciendo es que, en ese entonces, no se tenían las categorías conceptuales y científicas para hablar de algo así como tuberculosis. Extrapolar clasificaciones médicas del siglo XIX al antiguo Egipto es tan anacrónico como "llevar una ametralladora, una guerrilla marxista o un capitalista de Wall Street al Egipto de 1000 B. C." (Latour, 2000, p. 249). Sin embargo, con esto Latour no quiere señalar que todas las opiniones valgan lo mismo. Más bien, busca destacar es que los hechos se dan siempre "en red", dentro de un marco de prácticas e instituciones que hacen posible lo que llamamos "hechos". Que la ciencia sea una práctica situada no significa que todo dé lo mismo.

Reducir todos los problemas actuales a la filosofía posmoderna es, por lo menos para mí, una crítica un poco desmesurada. No debemos olvidar que, en otro contexto diferente al actual, las filosofías posmodernas hicieron un mundo más pluralista, más tolerante y, en definitiva, más democrático. Un ejemplo puede ser la filosofía de Gianni Vattimo (1990). El pensador italiano sostiene que la metafísica, el discurso de una verdad objetiva y última de las cosas, de un pensamiento totalizante, de una estructura única y fija, debe caer. Si Dios ha muerto, entonces la filosofía no podrá conquistar el cielo de las verdades absolutas, eternas e inmutables, sino proponer una filosofía débil, consciente de sus límites, de su ser situado, de su inevitable contingencia. O

más bien, la coexistencia de distintas posturas, verdades o teorías son legíti-
mas, ninguna debe imponerse sobre otra y ninguna es definitiva. Si no hay
verdades absolutas, ni metafísicas, ni morales, ni políticas, lo que queda es la
tolerancia. Más que buscar la forma de vida ideal, debemos respetar la diversidad. En contraposición, una verdad en sentido fuerte es siempre violenta.
La metafísica occidental ha privilegiado la búsqueda de una verdad objetiva,
independientemente de si esta es buena o mala para la comunidad. El sabio,
el filósofo para Platón, quien conoce las ideas, debe gobernar, debe guiar a los
individuos según lo que dictamine, no sus intereses, sino la verdad objetiva. El
pueblo debe adecuarse a un orden esencial que desconoce. Los enemigos de la
sociedad abierta, retomando a Popper, son los filósofos que, en nombre de la
verdad, conducen a la fuerza al resto de los hombres a un supuesto afuera de la
caverna. "Si se le da la razón a Popper, como creo que debe hacerse, la conclu-
sión a la cual se debe llegar es que la verdad misma es enemiga de la sociedad
abierta" (Vattimo, 2010, p. 22). Una vez que nos percatamos de que no hay
verdades inmutables sino solamente interpretaciones, cualquier tipo de autoritarismo queda desarmado, es decir, deslegitimado. Nos damos cuenta de que
no son más que imposiciones disfrazadas de leyes naturales o verdades incues-
tionables. Ideas afines podemos encontrarlas en otros autores posmodernos
como Richard Rorty o Jean-François Lyotard. La posmodernidad surge como
antídoto a un siglo marcado por diferentes tipos de totalitarismos. En defensa
de un mundo pluralista y respetuoso de la diversidad, se despide de la Verdad
con mayúsculas. Pero una verdad débil no deja de ser una verdad. Una verdad
situada, local y construida colectivamente, pero una verdad al fin.

¿Qué rol debe cumplir hoy la filosofía? ¿Habrá que desterrar los aportes del
pensamiento posmoderno por siempre? McIntyre propone combatir la posverdad, poniendo de relieve las mentiras de quienes la propagan y dejar de
darles lugar en los medios de comunicación. Debemos reiterar una y otra vez la
evidencia empírica para que prime la razón, romper con el sesgo cognitivo de
los individuos y cambiar las opiniones de quienes han sido influenciados por
la posverdad. "Deberíamos encontrar algún modo de que la gente «se dé de
bruces» con los hechos" (McIntyre, 2020, p. 169). Su postura es, a mi modo de
ver, quizá un poco posmoderno aún, un tanto pedante. ¿Quién determina la
verdad de ciertas teorías? ¿Quién elige de qué convencer a la audiencia? ¿Quién
tendrá la noble tarea de empujarnos a los hechos, de rescatarnos de la caverna?
¿Quién o qué lo inviste con tamaña responsabilidad? Su propuesta de retornar
a la "pureza" de los hechos parece un tanto ingenua. Entiendo y concuerdo que
el sueño posmoderno, llevado al extremo, produce monstruos, pero por eso no
podemos pretender desconocer todos sus aportes. Los hechos siempre suponen

una cierta mediación o interpretación, lo que no implica que puedan significar cualquier cosa. Más que proteger al público de "malas teorías" o "noticias falsas" –lo cual es imposible de controlar masivamente, sobre todo en redes sociales–, creo que se debe fomentar el pensamiento crítico, la deconstrucción del sesgo y la resistencia al algoritmo que impone, sea de izquierda o de derecha, una única visión. Como decíamos más arriba, cuando hablamos de pensamiento crítico no hay que asociarlo al sentido cotidiano de "crítico", es decir, señalar los defectos del otro. Más que un sentido negativo, de condena o rechazo, el pensamiento crítico es la capacidad del intelecto de separar la cizaña del trigo, es decir, discernir aquellas ideas que se imponen acríticamente de aquellas que, luego de ser reflexionadas, son aceptadas. La filosofía nos provee las armas para enfrentar a los supuestos mesías iluminados, sean filósofos, políticos o científicos, que portan con verdades indudables. El filósofo debe estar al acecho de los lugares comunes, debe pellizcar a quien se duerma en el lecho de una verdad consolidada, velar porque no se instaure la dictadura de lo obvio. Como el tábano, debe zumbar en los oídos de los ciudadanos de la *polis*.

Pero la filosofía no solo tiene la función del centinela, como vigilante de todo discurso que aparenta ser verdadero. El martillo nietzscheano no es su única herramienta. Hay, como señalaban Deleuze y Guattari, una función afirmativa, creativa, puesto que la filosofía es el arte de crear conceptos. La filosofía nos provee de un armazón conceptual que nos permite comprender nuevos fenómenos o volver sobre lo ya conocido con nuevos ojos. Por ejemplo, la posverdad ha sido un concepto fundamental para analizar esta nueva era de la (des)información. Lo mismo podemos pensar del panóptico foucaulteano, central para explicar la sociedad disciplinar de los setenta, de la filosofía de Judith Butler para comprender la identidad de género o el concepto de "estados de excepción" de Giorgio Agamben para entender la política actual, por nombrar rápidamente algunos. El concepto filosófico nos abre un nuevo horizonte para darle sentido a nuestro presente. Marx sostenía que la filosofía no se debía reducir a contemplar el mundo, a hacer especulaciones abstractas sobre la realidad, sino que debía transformarlo. Pero la transformación que produce esta disciplina no la encontraremos directamente en el plano material y práctico, por lo menos inmediatamente. Como sostiene Heidegger, "una transformación del mundo así pensada exige previamente que se transforme el pensar" (Heidegger, 2007a, p. 362). Todo cambio sustancial, toda revolución, supone previamente la lenta metamorfosis de las ideas. Ni Rousseau vio la Revolución Francesa, ni Marx pudo vivir la Revolución Bolchevique. Las ideas filosóficas son semillas de lenta germinación, pero constituyen las raíces de nuestro pensamiento.

I.A.: IDIOTEZ ARTIFICIAL

Hace unos años tomé un Uber en la puerta de mi casa. El conductor me contaba que había pasado su infancia en mi barrio, que lo conocía como la palma de su mano. Sin embargo, me sorprendió que usara Waze, plataforma de navegación asistida, para guiarse por las calles que aparentemente sabía de memoria. Le pregunté por la supuesta contradicción y su respuesta fue contundente: "Prefiero no pensar". Waze te guía paso a paso cómo llegar al punto de llegada, te notifica cortes de calle por manifestaciones u obras y te anticipa exactamente a qué hora llegarás. No hay ya nada en qué pensar, las máquinas lo hacen por nosotros. Cuando a fines de 2022 apareció ChatGPT su frase retumbó en mis oídos: "Prefiero no pensar". Que la tecnología remplazaría el trabajo manual ya era una certeza con la que aprendimos a convivir. Ahora bien, ¿pueden estas nuevas herramientas sustituir nuestra capacidad de pensamiento? La emergencia de ChatGPT se vio marcada por una mezcla de entusiasmo y de preocupación cada vez más creciente sobre las consecuencias del uso de la inteligencia artificial. Apocalípticos e integrados, optimistas y pesimistas, alzaron sus voces. Miles de capacitaciones para docentes para combinar inteligencia artificial y sus tareas educativas pulularon por la Web. Artistas comenzaron a aplicarla para descubrir nuevas dimensiones en su producción. Los medios profetizaron el fin de miles de empleos. El gran peligro, como señala el filósofo chino Yuk Hui (2023), parece ser que la inteligencia artificial conquistó lo inconquistable: el *lógos*.

Fue famosa la carta publicada por *Future of Life Institute* y firmada por un grupo de investigadores y empresarios tecnológicos, como el célebre Elon

Musk, que solicitaba "poner en pausa" los experimentos con inteligencia artificial. La carta se pregunta:

> ¿Debemos dejar que las máquinas inunden nuestros canales de información con propaganda y falsedades? ¿Debemos automatizar todos los trabajos, incluidos los más gratificantes? ¿Debemos desarrollar mentes no humanas que con el tiempo nos superen en número, inteligencia, obsolescencia y reemplazo? ¿Debemos arriesgarnos a perder el control de nuestra civilización? (Future of Life Institute, 2023)

Al no poder responder estas preguntas con certeza, es decir, al no estar seguros de si los efectos del desarrollo de la inteligencia artificial serán positivos o negativos, solicitan a los laboratorios que trabajan en torno a estas cuestiones detener sus investigaciones por lo menos durante seis meses. De no hacerlo, exigen la intervención de los Estados. En general, los peligros que se destacan son la propagación masiva de *fake news* o de desinformación, la eliminación de ciertos empleos y la posibilidad, ya más cercana a la ciencia ficción, de que las máquinas nos dominen. Ahora bien, todos estos riesgos tienen que ver con factores externos, sobre el mal uso o no de estas herramientas que realizan otros o la posible autonomía de la misma tecnología. Pero ¿cómo nos afecta a nuestro desarrollo el uso de estas tecnologías? ¿Cómo afecta a nuestra inteligencia la posibilidad de que las máquinas hagan nuestras sus tareas? El filósofo francés Bernard Stiegler sostiene que la inteligencia humana en general ya es artificial hace tiempo.

Detrás de los peligros que se suelen presagiar en torno a los avances tecnológicos, hay una cierta antropomorfización de la inteligencia artificial. Esto lo vemos en expresiones como: "Viene por nosotros", "Viene a acabar con nuestros trabajos". Yuk Hui (2023) propone que "pongamos en pausa" estos misticismos y abordemos estos avances, en vez de suspenderlos, como prótesis, es decir, como herramientas que nos permitan alcanzar nuestro máximo potencial como individuos. Por eso no me interesa tratar aquí los aparentemente apocalípticos peligros de estos avances tecnológicos. Me resulta más importante pensar cómo funcionan estas tecnologías como prótesis y las consecuencias de ello. Bernard Stiegler piensa en estas prótesis farmacológicamente. El término griego *farmakón* tiene una doble acepción, como cura y veneno. Puede, en tanto antídoto, traer muchísimos beneficios, pero su uso desmedido puede tener consecuencias letales. En un pequeño ensayo que se titula "Estupidez artificial e Inteligencia Artificial en el Antropoceno" (2018) Stiegler sostiene que los desarrollos de la inteligencia artificial pueden generar, paradójicamente, una estupidez artificial. Semejante tecnología, que aparentemente viene a resolver muchos problemas a la vida humana, puede, al mismo tiempo, significar su destrucción y acabamiento. Ahora bien, para entender esto, Stiegler sugiere que debemos pensar la inteligencia artificial como una continuación del proceso de exosomatización del *nous*, de la inteligencia.

Stiegler se refiere de muchas maneras a este fenómeno: exosomatización del *nous*, organología artificial y retención terciaria. En el primer tomo de su célebre obra *La técnica y el tiempo*, Stiegler caracterizará las retenciones terciarias, claramente en diálogo con el filósofo alemán Edmund Husserl. La retención primaria se refiere a la experiencia del presente, que conserva lo que se ha ido hace un momento. Esto me permite recordar las palabras que acabo de teclear hace apenas unos segundos y darle sentido a lo que escribo en este momento. A la vez, la retención primaria se distingue de la retención secundaria, que es lo que habitualmente llamamos "memoria" y es lo que me permite distinguir este momento de cuando escribía mi tesis doctoral hace unos años. Pensamos la memoria usualmente como algo personal, como algo que está en nuestra mente, inseparable de nosotros mismos. Pero Stiegler habla de una tercera retención, que vendría a ser una externalización de la memoria que se integra en artefactos tecnológicos y artísticos. Este fenómeno alude a una forma de exteriorización de nuestras retenciones primarias y secundarias a través de artefactos técnicos. Por supuesto, esto ha existido desde siempre, mucho antes de la aparición del teléfono celular o las computadoras. Por ejemplo, la escritura es una de las más antiguas formas de retención terciaria, ya que permite plasmar y exteriorizar la memoria. Cuando escribo algo en un papel, exteriorizo eso que quiero recordar y, por lo tanto, no hace falta que conozca de memoria el teléfono de mi pareja o la receta del budín que tanto me gusta. A lo largo del tiempo han surgido distintas tecnologías audiovisuales como la televisión y los teléfonos celulares, que también permiten exteriorizar la memoria en forma de imágenes y sonidos.

Por lo tanto, la inteligencia humana es artificial hace tiempo, mucho antes que la aparición de ChatGPT. El *nous* siempre se ha servido de prótesis que le permiten aumentar e intensificar sus posibilidades. Lo propio de la humanidad es la exteriorización de su intelecto en herramientas, pinturas, productos audiovisuales, etc. Stiegler no interpreta esto como algo negativo; por el contrario, la técnica es constitutiva del ser humano. Por esta razón, en el primer tomo de *La técnica y el tiempo* (2002), cuyo subtítulo es "El pecado de Epimeteo", retoma el mito de los titanes, donde se relata el origen de la naturaleza técnica del ser humano. El peligro de la utilización de estas tecnologías, para Stiegler, es que pueden llevar a la proletarización de las habilidades cognitivas. O, en otras palabras, a la idiotez artificial. "Proletarización" aquí se refiere a cuando los individuos pierden habilidades y conocimientos al ser superados por las máquinas o tecnologías. El trabajador pierde, olvida su saber hacer. Aquí retoma algunas reflexiones del filósofo francés Gilbert Simondon (2008): el proletario es el trabajador desindividuado. Esto es, por supuesto, clarísimo en la fábrica: el obrero es reemplazado por una máquina. Ahora bien, para Stiegler esto sucede constantemente en muchísimos ámbitos en la vida cotidiana. Un ejemplo claro es el uso de los llamados *smart phones*, que ha hecho que muchas personas ya no necesiten memorizar los números telefónicos de sus amigos y seres queridos. O los correctores de ortografía hacen prescindible el recuerdo de ciertas reglas de puntuación o acentuación. En definitiva, estos artefactos terciarios afectan el desarrollo de la memoria y la retención de ciertos conocimientos.

Para Stiegler, en el siglo XX, se observa cómo lo cognitivo se ha proletarizado, lo que significa que muchas habilidades y conocimientos se pierden debido a la influencia de la tecnología y las industrias culturales. Por supuesto que esto ya sucede desde hace mucho tiempo. Platón, por ejemplo, estaba en contra de la escritura porque justamente su práctica deteriora nuestra capacidad cognitiva de recordar. Obviamente que no niega sus potencialidades y beneficios. La memoria exosomática es innovadora porque permite la transindividuación, la transferencia de conocimientos de una generación a otra, sin que se produzca una transferencia inmediata de conocimientos del individuo que conoce al que aprende. Sin exosomatización de la memoria no habría ciencia ni cultura. Pero con la aceleración de la cibernética y la masividad de estas nuevas herramientas, el riesgo es perder nuestra capacidad de reflexión. Sin aprender a pensar críticamente, los usuarios, que se vuelven pasivos, son vulnerables a una sociedad de control total, donde la aceptación de la pantalla se traduce en adhesión ciega. El gran peligro, más que si las y los alumnos se copien o no en una tarea, es que perdamos ciertas habilidades cognitivas fundamentales. El caso de la escritura es claro: es más fácil, rápido y eficaz hacer que la inteligencia artificial escriba por nosotros un correo, un mensaje, una carta, lo que sea. En consecuencia, iremos perdiendo con el paso del tiempo facultades del intelecto. Y la capacidad de escritura está íntimamente ligada a la habilidad de pensar, de conectar ideas, de examinar alternativas, de proponer soluciones, de plantear preguntas, proponer argumentos. Hoy parece posible ya no exosomatizar, externalizar, nuestra memoria, sino también nuestra capacidad argumentativa y de razonamiento. ¿Puede nuestra inteligencia atrofiarse? Hace tiempo los avances tecnológicos hicieron posible que muchas tareas físicas fueran reemplazadas, lo que produjo, por otro lado, que la vida de los individuos se vuelva más sedentaria y, por lo tanto, que nuestros cuerpos se debiliten y sean menos resistentes. De la misma manera, el peligro de estas nuevas tecnologías noéticas es que nuestro cerebro se vuelva sedentario y débil.

Por ello, Stiegler denuncia la aparición de una tontería sistémica o una estupidez artificial. La contracara de la inteligencia artificial de las máquinas es la idiotez artificial del ser humano, creada por él mismo. Para Stiegler, la idiotez se funda en el automatismo. El automatismo de ciertas ideas o comportamientos, de ciertos discursos, es lo que no nos permite pensar. "La estupidez artificial, pues, es la que persiste en acelerar la entropía en lugar de aplazarla, y lo hace destruyendo el conocimiento, que, por sí solo, es capaz de generar bifurcaciones positivas" (Stiegler, 2018, p. 7). La inteligencia, en cambio, es neguentrópica, desautomatiza, abre nuevas posibilidades, mientras que la idiotez supone la reproducción de lo mismo. Por ello, no hay lugar para ningún acto creativo.

> En estos procesos lo que se proletariza es cada vez más la fuerza de trabajo del sistema nervioso. Los proletarios del sistema nervioso son privados de saber tanto como los proletarios del sistema muscular. [...] Si todavía hay oficios, los que los productores que llamamos "creativos" son muy pocos y la mayor parte del tiempo no son realmente "creativos". Porque ser "creativo", es decir, obrar, es producir neguentropía. Ahora bien, los así llamados "creativos" son creadores de "valor" evaluable en el mercado, y son más bien redactores que trabajan en la adaptación entrópica del sistema, pero no obra en nada de nada: obrar siempre es obra en lo incalculable. (Stiegler, 2016, pp. 59-61)

La sociedad de la automatización conduce a la pérdida de la creatividad, a la incapacidad de decir algo nuevo por fuera de lo calculable. Aquí Stiegler deja entrever su influencia heideggeriana. Para Heidegger, en el horizonte de la técnica, al estar bajo el sometimiento de una perspectiva racional y utilitaria, todo es fríamente calculado. Esto no deja lugar para la novedad, para un acontecimiento, para un *Ereignis*. Algo semejante sucede hoy con el *big data*: gracias a las nuevas tecnologías, se recopilan datos masivos de comportamiento, lo que permite generar perfiles de consumidores y prever cómo actuarán en el futuro. En el cine, por ejemplo, las películas y series se hacen hoy en día con base en la medición de los estímulos y reacciones que los espectadores tuvieron ante otras producciones. La era de la cibernética es la época del control: todo puede ser calculado y, por ende, controlado. El problema es que en este contexto no hay lugar para la irrupción de lo nuevo, ya que siempre se hace lo que es "racional" de hacer, lo que es funcional.

Es indudable que la automatización total propia de nuestra era nos ha ahorrado una infinidad de tiempo. Ya no tengo que ir al supermercado a hacer las compras o ir al banco a pagar las cuentas: todo se hace *online*. Pero aún más: ya ni siquiera es necesario pensar. ChatGPT redacta los mails por uno, le pedimos que nos haga recomendaciones de películas o que arme el itinerario de un viaje. La automatización nos ha liberado de innumerables tareas hasta ayer ineludibles. Pero ¿qué hacemos con este nuevo tiempo conquistado? ¿Lo usamos para formarnos y crecer como individuos? ¿O quedamos por horas hipnotizados viendo *reels* o series en alguna plataforma? En "Elogio a la ociosidad", ensayo de 1932, Bertrand Russell (2021) creía que los avances tecnológicos habían logrado que el ocio deje de ser un lujo de la elite para ser un derecho de toda la comunidad. Imaginaba una sociedad donde todos y todas trabajan cuatro horas y luego puedan aprovechar el tiempo libre para formarse y cultivarse. Lo que no previó nuestro amigo Bertie es que la técnica remplace el ocio intelectual y nos transformemos en sedentarios cognitivos. El peligro ante estas nuevas tecnologías, ante esta nueva fe inconmovible en la inteligencia artificial, no es que las máquinas nos dominen, sino que nos idioticemos. El riesgo es que nos volvamos, como ChatGPT, eternos repetidores de patrones estadísticos y olvidemos el fuego prometeico que nos hace propiamente humanos.

Para Stiegler, el primer paso para resistir esta transformación es recuperar lo que los romanos llamaban *otium*. El ocio es lo contrario al negocio, *nec-otium*. El negocio no es simplemente el intercambio de bienes y servicios, sino "aquello que constituye la economía internalizable vía una contabilidad [...] de lo que un emprendedor puede calcular y un mercado negociar, al reducirse la medida (en griego *metron*, es decir, también reserva y ritmo) a ese cálculo" (Stiegler, 2016, p. 69). La automatización de todos aspectos de la vida es la plenitud del *nec-otium*. Una vida solo regulada por lo calculable nunca será una vida plenamente humana. El ocio, en tiempo de los romanos, era el momento para cultivarse una vez realizados los quehaceres necesarios para subsistir. Es ese instante privilegiado donde uno se retira y es plenamente humano. Por eso, para Stiegler, el ser humano nunca es totalmente noético (*noesis* refiere a la actividad del pensamiento). El alma no es constantemente noética en acto, nuestro intelecto no está siempre funcionando, sino que lo hace intermitentemente. La mayor parte del tiempo nos comportamos como plantas. Aristóteles distinguía entre un alma vegetativa (propia de las plantas), una sensitiva (propia de los animales) y otra intelectual (propia de los seres humanos). Pero muchas veces parece que nuestra alma es vegetativa o sensitiva. Nuestro intelecto es intermitente. Es en el ocio cuando nuestra alma intelectiva se pone en acto. Stiegler nos llama peces voladores: por unos segundos podemos elevarnos y salir del agua, para volver a caer en nuestro entorno cotidiano. Es en estos momentos intermitentes que nos volvemos verdaderamente humanos.

La filosofía no solo debe señalar, como maestra de la sospecha, los peligros del mito de la inteligencia artificial. No debe solamente destruir los becerros de oro que nos presenta la sociedad encandilada. Debe, a su vez, ponerse en acto y así crear herramientas cognitivas de resistencia. Mantener nuestros cerebros *ociosos,* en el buen sentido, es luchar para que nuestra alma no se vuelva plenamente vegetativa. Las nuevas tecnologías son ciertamente beneficiosas, pero prótesis que pueden volver nuestra inteligencia innecesaria. La era de la automatización ahorra un montón de procesos, pero busca que nuestra mente ocupe ese tiempo extra en horas de consumo. El ocio debe transformarse en negocio. El verdadero peligro en nuestra sociedad actual es que estos momentos de ocio se vuelvan cada vez más intermitentes, más raros, y, así, el pez no vuelva a volar por fuera del mar, quedando por siempre bajo el agua.

¡VIVA LA FILOSOFÍA CARAJO!

> "¿Qué se propone uno con la filosofía?
> Enseñar a la mosca a escapar del frasco.
>
> Ludwig Wittgenstein

"Para que alcances la verdadera libertad conviene que te hagas esclavo de la filosofía" (Séneca, 2022, p. 336). Esta sentencia de Epicuro, recordada por Séneca, enfatiza la paradoja de la libertad: para obtenerla plenamente debemos someternos al estudio de la filosofía. Este antiguo saber tiene una función emancipadora. Paradójicamente, quien se someta y entregue a ella, quedará enseguida en libertad. Ser esclavo de la filosofía es ser libre. En Séneca, esta libertad supone una vida virtuosa, alejada de los placeres del vulgo y la fortuna, y que acepta su propio destino. El trasfondo sigue siendo el mismo que se perseguía en la *polis* griega: la propia autonomía, esto es, la capacidad de ser uno mismo (αὐτός) el legislador (νόμος) de su vida. Este ideal emancipador resurge en la época iluminista. Immanuel Kant (1993) definía la Ilustración como la salida de la "autoculpable minoría de edad". El menor de edad es aquel que necesita de la guía de otros porque aún no puede tomar decisiones por sí mismo. Obviamente que el niño no es culpable por esta dependencia. Kant se refiere más bien al adulto que, comportándose como un infante, sea por pereza o por miedo a equivocarse, no es plenamente autónomo y deja que otros le dicten lo que debe hacer. Como cuando un libro, un médico, o un terapeuta nos dicen cómo comportarnos. Descansando en la autoridad de otros, uno se cobija en su tutela. Kant está pensando en la Iglesia protestante de su tiempo que se inmiscuía en la vida de sus feligreses y que señalaba cómo debían actuar. Retomando la sentencia horaciana *Sapere aude* ("Atrévete a saber"), Kant insta a los individuos a tomar las riendas de su propia vida y ser ellos mismos quienes determinen su obrar.

Con este espíritu ilustrado, en el siglo XIX Amadeo Jacques impulsará en Argentina la filosofía como una herramienta fundamental para la formación ciudadana. Jacques fue un filósofo francés republicano formado con Victor Cousin. El intelectual francés defendió fervientemente a la filosofía como herramienta emancipadora del pueblo. Desde la revista *La liberté de penser*, junto con otros discípulos de Cousin, insistirán en que la filosofía, dentro de una verdadera República, es la verdadera institutriz de un ciudadano libre y defensor de valores democráticos. En un Estado laico se debe formar a sus ciudadanos para la libertad y para que cultiven una razón independiente. La filosofía es la que forma a través del libre pensamiento. La sociedad ya no debe ser guiada por la religión, sino por la razón. Estas ideas se encuadran en un contexto donde la enseñanza de la filosofía era fuertemente cuestionada por católicos y ultramontanos. En abril de 1848, pocos meses después de la revolución que depuso al rey Luis Felipe I y fundó la Segunda República francesa, Jacques publicó, entusiasmado con los nuevos aires políticos, un texto titulado "Sobre la enseñanza de la filosofía en los liceos nacionales". La revolución es una nueva oportunidad para que el Estado priorice la filosofía. En su ensayo, Jacques defiende la necesidad de una enseñanza ecléctica, que no se concentre en una escuela de pensamiento, sino que busque la *philosophia perennis* en cada sistema filosófico. El Estado no debe imponer una doctrina filosófica, sino que debe impulsar su enseñanza para ordenar y fortalecer el espíritu, abrirle nuevos horizontes y darle hábitos de reflexión (aparte de ser un complemento para las ciencias y la literatura y una formación moral). "Espíritu filosófico y espíritu de libertad son sinónimos. La filosofía, en lo que concierne al hombre, no es más que el comentario de la democracia" (Jacques, 1998a, p. 147). Filosofía y democracia se implican mutuamente. Pero la primera no es un comentario de la segunda en el sentido de que la explique y justifique, sino que medita junto a ella (*commentari*, meditar con). Solo en la democracia florece la filosofía y solo con la filosofía se fortalece la democracia. Unos meses después, publica un segundo texto muy a tono con el anterior: "Sobre la enseñanza pública de la filosofía". Allí afirma: "la filosofía es todavía algo más: la verdadera instructora de los ciudadanos en una república. Ella es, esencialmente, la libre búsqueda, el pensamiento independiente, emancipado, sino de toda regla, sí de toda servidumbre" (Jacques, 1998b, p. 156). No hay verdadera libertad sin libertad de pensamiento. Ahora bien, este músculo, para que no se atrofie, debe formarse y entrenarse como cualquier otro. Esa es la tarea de la filosofía.

Pero la fortuna no acompaña a Jacques. En 1848, el Liceo en que trabajaba cierra por falta de fondos y queda en la calle. Posteriormente, se le prohíbe ejercer como profesor en el territorio francés por su artículo de 1850 "Le Christianisme et la démocratie", donde critica agresivamente al cristianismo. Luego del golpe de Napoleón III que lo instituyó emperador en 1852, temiendo ser detenido, se embarca hacia Latinoamérica. En 1851 desembarca en Montevideo con una carta de recomendación del explorador alemán Alexander von Humboldt bajo el brazo. Dicta algunos cursos en la Universidad Mayor sobre química y física, dado que la metafísica le parecía algo muy "abstracto" para una nueva nación. Pasa luego por Rosario, Córdoba y Santiago del Estero, donde abre una panadería, para finalmente recalar en Tucumán. Luego de unos años como director del Colegio de San Miguel, se traslada a Buenos Aires, donde fue designado profesor del Colegio Nacional Buenos Aires y luego rector. Tal como afirma Patrice Vermeren (1998), el sueño democrático de la filosofía, después de todo, se ha vuelto "latinoamericano" (p. 105).

Pero este sueño democrático de la filosofía tiene sus sombras y rápidamente puede tornarse en una pesadilla. Jacques no ve contradicciones en comulgar con la tarea civilizatoria de Domingo Faustino Sarmiento y no solo promueve la inmigración europea, sino que coincide en la necesidad de eliminar la "barbarie". En 1855, decide jugar a ser Humboldt y participa de una expedición exploratoria en Río Salado y el Chaco. De esta experiencia concluye:

> Estos indios, mansos en otra época y durante largo tiempo en contacto con la vida civilizada, nada han ganado en ello ni nada han aprendido, se llega a compartir la triste convicción de que las medidas de exterminio contra estos bárbaros, como contra los animales feroces, son las únicas eficaces, o por lo menos que sólo por el cruzamiento de razas se llegará a hacerlos entrar algún día, modificados y suavizados, en la gran familia humana. (citado en Vermeren, 1998, p. 96)

Su sueño democrático y emancipador de la filosofía no parece tener problemas con convivir con el autoritarismo del proceso civilizatorio y de exterminio sarmientineano. Como sostienen Inés Dussel y Marcelo Caruso (1996), quizás la "argentinización" de Jacques supone la transformación del filósofo liberal que se enfrentó a las elites francesas a la de un educador "negociador" con un régimen que suponía la exclusión social (pp. 56-57).

Eso no quita que podamos volver a soñar este sueño, quizá "desilustrándolo", dejando de lado todo elemento racista y los supuestos de una razón universal, blanca y europea. Podemos volver a defender su espíritu: para vivir en una sociedad libre debemos alcanzar la libertad de pensamiento. Solamente en una comunidad donde hay espacio para el diálogo, la pluralidad de voces y la comprensión del otro, podemos alcanzar una democracia plena. Pero con el ágora no se nace, sino que se hace día a día. Lejos de buscar formar sujetos dóciles y obedientes, la promoción de la filosofía fomenta ciudadanos que se cuestionan tanto a sí mismos como su contexto.

Pero no se trata de transmitir ciertos saberes estáticos que posee únicamente el sabio iluminado y que generosamente los regala a un pueblo aprisionado. Desde la alegoría de la caverna se ha fomentado la imagen del filósofo-héroe que libera al ignorante. Esta visión mesiánica y salvífica de la filosofía ha prevalecido durante siglos en Occidente. Lo vemos, por ejemplo, claramente en el filósofo alemán Martin Heidegger, quien se proclama el "pastor del ser".

> Y por eso el público, que nada sabe de filosofía ni tampoco necesita saber nada de ella, tiene la noción de que, de ahora en adelante, ha llegado la «verdadera filosofía», lo cual se lo confirman los periódicos, y también se lo confirman a voz en grito los maestros de escuela que ya están hastiados de sí mismos, es decir, que jamás han sido lo que tendrían que ser. (Heidegger, 2017, p. 177)

¿Quién debería filosofar? ¿A quiénes les es reservado el privilegiado rol de meditar sobre el ser? ¿Quiénes son aquellos capaces de acceder al ser? Al igual que Platón, Heidegger, como tantos otros, ha defendido el acceso privilegiado a la verdad de unos pocos. Solo algunos serán capaces de entrever el ser y tendrán como tarea legarle esta visión al pueblo. "Esta grandeza [la de la filosofía] consiste en guiar, con esa superioridad que significa poder renunciar y desistir, regresando al fogón del ser" (Heidegger, 2017, p. 85). El filósofo alemán ha tenido una concepción elitista a lo largo de su pensamiento sobre el acceso al ser. O como lo pone Claudio Magris (2019) en su novela *Danubio*: "es posible que [Heidegger] no conociera la humildad del pastor del Ser, que le era negada por su obstinada aunque inconsciente presunción de considerarse el jefe de los pastores, el administrador delegado del Ser" (pp. 40-41).[1]

Una verdadera filosofía emancipatoria lejos está de este mesianismo, posición que encontramos incluso en ciertas figuras políticas. No se trata de encontrar algunos iluminados que guíen al pueblo, sino que los individuos adquieran ciertas herramientas de discernimiento para constituir una posición propia, discutir otras visiones e identificar discursos engañosos. Cuando hablamos de libertad, emergen ciertos equívocos. Isaiah Berlin (2000), por ejemplo, distingue entre "libertad negativa" y "libertad positiva". El primer

---

1   He trabajado esta discusión con más detalle en Belgrano (2021b).

sentido alude a la ausencia de todo obstáculo, de toda coacción, soy libre en tanto que nadie interfiere deliberadamente en la realización de mis deseos. Desde esta perspectiva, el Estado debe entrometerse lo menos posible en la vida de los individuos. La libertad positiva, en cambio, tiene que ver con alcanzar la propia autonomía y que las decisiones dependan de uno mismo y no de otras personas. En definitiva, lo que se persigue es que cada quien sea su propio dueño. Un representante de esta postura puede ser Kant. Ahora bien, para que el individuo alcance su propia autonomía necesita educación, formación, capacidad de pensamiento crítico, etc. Sin embargo, Berlin menciona que este segundo sentido puede ser aprovechado por gobiernos autoritarios: se restringe la libertad de los individuos para liberarlos de sí mismos y que puedan alcanzar su "verdadero yo" (p. 203). Un ejemplo sencillo: se prohíbe el consumo de drogas, que son dañinas y disminuyen la libertad, para proteger a los ciudadanos. Esta parece ser la posición de la derecha de hoy, que, en vez de fomentar herramientas para que los individuos alcancen su autonomía, busca eliminar cualquier obstáculo que limite a los individuos (para ellos fundamentalmente el Estado).

Sin embargo, curiosamente, Ayn Rand, filósofa de cabecera de los movimientos de derecha, encontrará en la disciplina filosófica un carácter emancipador. Rand fue una intelectual rusa, nacionalizada estadounidense, que defiende una posición individualista liberal. Sostiene Rand:

> Para vivir, el hombre debe actuar; para actuar, debe elegir opciones; para elegir opciones, debe definir un código de valores; para definir un código de valores debe saber *qué* es él y *dónde* se encuentra, o sea, debe conocer su propia naturaleza (incluyendo sus medios de aprendizaje) y la naturaleza del universo en el que actúa, es decir, necesita metafísica, epistemología y ética, lo que significa: *filosofía*. No puede escapar de esta necesidad; su única alternativa es si la filosofía que lo guíe será escogida por su mente o por la casualidad. (Rand, 2009, pp. 38-39)

La filosofía es la que guía nuestra acción, la que está detrás de nuestras decisiones. Toda elección supone filosofía. Pero no solo eso. En *Filosofía: quién la necesita* (2021) sostendrá que es absolutamente necesaria para desarrollarnos como individuos libres. "Los hombres que no están interesados en filosofía absorben sus principios a través de la atmósfera cultural que los rodea: a través de escuelas, universidades, libros, revistas, periódicos, películas, televisión, etcétera" (p. 20). En otras palabras, aceptan acríticamente una programación externa de su conducta y renuncian así a su autonomía. Hay ciertamente una mirada conspiranoica: es la propia filosofía la que configura esta atmósfera cultural y por ello necesitamos hacer filosofía. Hay "malas filosofías" que, como hechiceros o dictadores, atrapan a los hombres. Para protegernos de estas "malas filosofías", en defensa de la libertad, la verdad y la razón, es necesaria la filosofía. Para bien o para mal, la filosofía moldea nuestras ideas, nuestra conducta y nuestras decisiones. Nos demos cuenta o no, nuestra vida es guiada por una ideología y de lo que se trata es de elegir una conscientemente. Por ello, Rand sostiene que el hombre, para garantizar su autonomía y libertad, necesita de las herramientas conceptuales de este saber. Comulguemos o no con esta historia de la filosofía de héroes y villanos, Rand le reconoce a la filosofía el mismo carácter crítico y emancipatorio que venimos desarrollando.

La filosofía se pregunta por quiénes somos y por el mundo en que vivimos. Reflexionar y ser conscientes de estas cuestiones nos permite comprender por qué actuamos como actuamos y tener más herramientas para tomar decisiones. Preguntas propias de la filosofía podrían ser: ¿quién soy y cómo se constituye mi subjetividad? ¿Con qué criterios determino si una acción es buena o mala? ¿El género es una categoría natural, una construcción social, una elección personal? Todas estas preguntas tienen que ver con tomar conciencia de nosotros o del mundo que nos rodea y hacen posible que elijamos más libremente. Incluso preguntas epistemológicas como "¿es la psicología una pseudociencia?", o "¿qué legitimidad tiene la astrología en nuestras decisiones?" pueden determinar si uno toma una terapia o una consulta con cierto profesional. Es este carácter autorreflexivo de nuestra conciencia, que nos surge naturalmente, lo que nos hace verdaderamente libres y no meros robots. Porque cuestionamos qué hacemos y por qué lo hacemos, somos capaces de imaginarnos un camino distinto. El león, hasta donde sabemos, no se cuestiona su comportamiento instintivo y, por ende, no puede pensar otras alternativas a su actuar, como, por ejemplo, seguir una dieta vegetariana.

Es por ello que el Estado debe velar, al decir de Derrida (1990), por el derecho a la filosofía. En otras palabras, es responsable de que pueda desarrollarse materialmente: tener financiamiento, salarios, infraestructura, etc. Esto no hace a la filosofía una sierva del Estado, una férrea defensora ideológica del mismo (aunque haya filósofos que lo sean). Justamente la autonomía plena de la filosofía (sea de un gobierno de turno, del poder económico o de la religión), es la que garantiza su función crítica, la libertad de señalar aquello que es falso, impuesto, injusto, incoherente. Si el Estado debe proteger y cuidar la libertad de los y las ciudadanos y ciudadanas y preservar las instituciones democráticas, debe, paradójicamente, fomentar la rebeldía, la trasgresión, el disenso. Platón temía que el exceso de la libertad en las sociedades democráticas lleve al caos y en última instancia a la consolidación de una tiranía. En los sistemas democráticos los jóvenes se ríen de los ancianos, los padres les temen a sus propios hijos, los esclavos y las mujeres desobedecen y "la anarquía se desliza incluso en las casas particulares y concluye introduciéndose hasta en los animales" (*Rep*. 562c). Yo disiento con Platón. Deslizar una cuota de anarquía es fundamental dentro de una sociedad que se percibe democrática. La libertad de pensamiento y acción, y, por lo tanto, el disenso, son la base de la democracia. Más que temerle al disenso, debemos promoverlo para que no pueda imponerse una única perspectiva de lo real y que todos y todas puedan alzar su voz. Generando grietas en lo homogéneo es cuando se puede entrever lo heterogéneo. Solamente así, formando la capacidad de disentir, de discutir, de imaginar otras posibilidades, las ovejas se convertirán en leones.

Para ser plenamente libres en una democracia precisamos, paradójicamente, volviendo a Epicuro, las cadenas de la filosofía. La verdadera libertad no es la ausencia de cualquier obstáculo o restricción, sino tener herramientas para desarrollarnos plenamente como individuos y no aceptar acríticamente las ideas y valores que nos son impuestos. La filosofía nos enseña a cuestionar y reflexionar sobre el mundo en el que somos arrojados y así ejercer una libertad más consciente y responsable. El Estado tiene un rol central en la formación de sus ciudadanos y en la preservación de una cultura democrática, por eso es fundamental no solo la enseñanza, sino la promoción de la filosofía. Más que un regodeo o un lujo intelectual, se trata de un instrumento clave para el desarrollo de una sociedad libre. Si vive la filosofía, vive la democracia y la libertad. ¡Viva la filosofía carajo!

A MODO DE CONCLUSIÓN

El taller del filósofo

El taller del pintor de Gustave Courbet

En mi escritorio tengo una pequeña postal del Musée d'Orsay, entre el busto de Sócrates y varios libros desparramados, donde se puede ver *El taller del pintor* de Gustave Courbet. Funciona como una especie de brújula en este quehacer de la filosofía en el que me he embarcado. En este cuadro uno puede asomarse al laboratorio del pintor, sus ideas respecto al arte y las tensiones que conllevan su oficio. Quien se destaca entre todas las figuras es el artista,

Courbet, que se encuentra en el centro de la composición haciendo lo suyo, arte. Del lado derecho de la pintura nos encontramos con la "elite" del mundo artístico, el "mundillo del Salón". Aquí encontramos a los inversores del arte, por ejemplo, el hombre de perfil con barba es el mecenas y coleccionista Alfred Bruyas, los críticos, como Jules Champfleury sentado encima de un taburete, y los intelectuales y artistas, como el filósofo Pierre-Joseph Proudhon (en el fondo mirando de frente) y el poeta Charles Baudelaire (leyendo en la esquina). La pareja que se ve en el primer plano representa a los aficionados del arte, aquellos que quizá jamás tomaron un pincel, que no comprenden mucho del mundo del arte, pero el simple hecho de estar ahí los hace "personas cultas".

A la izquierda aparece el pueblo, la gente de todos los días, en palabras del mismo Courbet, "el otro mundo de la vida trivial, el pueblo, la miseria, la pobreza, la riqueza, los explotados, los explotadores, la gente que vive de la muerte". Parecería que ese mundo de la derecha es totalmente ajeno al de la izquierda, ambos aislados el uno del otro, divididos por una muralla infranqueable, el lienzo. De este lado, se puede ver un sacerdote, un comerciante sentado, un cazador en el fondo, un obrero cruzado de brazos, una mendiga, entre otros personajes. En definitiva, la gente normal de todos los días que poco tiene que ver con el pretensioso mundo artístico.

En el centro, entre estas dos realidades, aparece el artista, como mediador entre ambos y, a la vez, tensionado entre ambos. Lo vemos a él, a Courbet, en pleno trabajo. La musa, o para algunos intérpretes, la Verdad, desnuda ante él, parece susurrarle al oído. Si miramos a la mujer de rodillas al lado del bastidor y trazamos un círculo de izquierda a derecha, con la mirada podemos ver las edades del hombre. Una mujer lactando, un niño admirando al hombre que quiere ser cuando crezca, el mismo Courbet, ya maduro, y, al final de este pequeño viaje con la mirada, un cráneo que preanuncia el fin. El artista entre el nacimiento y la muerte. Si lo pensamos por un momento, yendo desde los extremos al centro de la representación, vemos las tensiones entre las que se encuentra Courbet: unas más superficiales o externas (la élite y la vida cotidiana) en los extremos del lienzo y otras más profundas y constitutivas (el nacimiento y la muerte) representadas en el centro.

¿No tendría la misma composición, los mismos personajes, el "taller del filósofo"? Quizás. Vayamos de los extremos hacia el centro, como lo hicimos ya con el taller del pintor. A la derecha estarían, sin duda, los paladines de la Academia. La filosofía tiene también su "Salón", conocido como "el ámbito académico o científico". Como vimos, la labor académica es un gran y necesario aporte al conocimiento. Estos obreros de la filosofía, altamente productivos, casi maquínicos, son los que construyen el suelo necesario para que se desarrolle un espacio de pensamiento y florezca una filosofía propia. Propiciar el diálogo, escuchar a otros y vincularnos (o vinculearnos, siguiendo a Deleuze) es lo que hará posible el desarrollo del pensamiento crítico y reflexivo. Son los retratos de los obreros de la filosofía los que nos dan modelos para pensar y desarrollar paisajes propios.

En el centro encontramos al filósofo. Su hacer, como el del pintor, se da entre el nacimiento y la muerte. Se lo ve a Courbet trabajando con una mujer amamantando a su izquierda, un niño que contempla su quehacer y una calavera que cierra el círculo. La salida del seno materno es la entrada al mundo, pero a un determinado mundo. Nuestra llegada a esta tierra se da en un punto concreto: en una cultura, en una época, en una situación política. El nacimiento recorta nuestras posibilidades y nos inserta en un determinado contexto que constituye quiénes somos, cómo pensamos y cómo nos abrimos al mundo. No pensamos nunca desde la nada, sino enraizados en un suelo. Desde ya que podemos ser conscientes y críticos de este marco que nos contiene, pero nunca podemos escaparnos del todo de él. A su vez, con la muerte como última instancia, proyectamos hacia adelante. La filosofía bebe de una tradición y de su contexto, pero debe ser siempre afirmativa y trazar nuevos horizontes para comprender lo que nos rodea.

A la izquierda encontramos al pueblo. Quedarse exclusivamente en la derecha puede llevarnos a ciertos vicios de "salón". Los filósofos de Salón muchas veces erigen sus castillos en el cielo de la abstracción, muy lejos de la tierra que los vio capullos. Jaspers decía que una filosofía que no les habla a las personas no tiene sentido. Hay que tener cuidado de no construir nuestras propias cavernas. La filosofía, lejos de ser inútil, ha sido ciertamente de gran ayuda para pensarnos como sociedad y proveer conceptos nuevos para comprendernos. Ya sea para desarmar nuevos mitos, como los de la posverdad y la fe en la inteligencia artificial, o para pensar nuevas identidades o el rol del testimonio, la filosofía abre nuestros horizontes y trae una nueva luz para mirar el mundo. Desde Sócrates llevando su saber a las calles de Atenas hasta Husserl pensando la crisis de las ciencias en el siglo XX, de modo más explícito o más implícito, más directo o indirecto, la filosofía ha sido un instrumento de emancipación y de empoderamiento. Más que un placer inútil, el desarrollo del pensamiento es lo que nos hace más conscientes del suelo donde estamos parados y más libres frente a lo que se impone como obvio.

La filosofía ha sido cuestionada, como vimos, a lo largo de toda su existencia. Sócrates ha sido el mártir con el que hemos crecido. Pero la cicuta evoluciona, muta, para hacerse más eficiente y menos patente. No encontraremos filósofos condenados en la plaza pública; se irán desfinanciando carreras, quitando cargos, recortando fondos. Dejemos de repetir, desde una superioridad impostada, que la filosofía es inútil. Mostremos, por el contrario, que es necesaria si queremos una sociedad democrática, libre, crítica. En el año 523 d. C., el filósofo romano Boecio, acusado injustamente por conspirar contra el rey Teodorico, fue arrestado y encarcelado. Para transitar este oscuro momento, el prisionero encuentra consuelo a través de la guía de la filosofía. De este diálogo nace su obra emblemática "La consolación de la filosofía". Hoy, en este contexto marcado por la crisis, el desfinanciamiento y el desprestigio hacia las disciplinas humanísticas, es la filosofía la que necesita no solo consuelo, sino también una férrea defensa para no caer, otra vez, ante la cicuta.

BIBLIOGRAFÍA

Abraham, T. (2001). El detective filosófico. Enrique Marí (1928–2001). *Página/12 - Suplemento RADAR*. https://www.pagina12.com.ar/2001/suple/Radar/01-07/01-07-08/pagina3.htm

Adorno, T. W. (1993). *Consignas*. Amorrortu.

Agamben, G. (2017). *Homo sacer. El poder soberano y la vida desnuda* (M. Ruvituso, Trad.). Adriana Hidalgo.

Aguilar, P., & Fernández Cordero, L. (2013). Cuando la identidad es ley. Ecos de Michel Foucault y Judith Butler. En M. Torres, G. Schnitzer, A. Antuña, & S. Peidro (Eds.), *TRANSformaciones. Ley, diversidad, sexuación* (pp. 45-55). Grama.

Aristóteles. (1994). *Metafísica* (T. Calvo Martínez, Trad.). Gredos.

Aristóteles. (1999). *Retórica* (Q. Racionero, Trad.). Gredos.

Aristóteles. (2008). *Ética Nicomáquea* (J. Pallí Bonet, Trad.). Del Nuevo Extremo.

Aristóteles. (2017). *Protréptico. Una exhortación a la filosofía* (2ª ed. act). Abada.

Barthes, R. (1994). *El susurro del lenguaje*. Paidós.

Belgrano, M. (2020). El peligro de los paradigmas. Una reflexión en torno a la interpretación de Giorgio Agamben de la crisis sanitaria COVID-19. *RiHumSo,* n.º 18, año 9, pp. 139-153.

Belgrano, M. (2021a). El tartamudeo heideggeriano. Estrategias discursivas en "¿Qué es metafísica?" A la luz de la filosofía de Gilles Deleuze. *THÉMATA. Revista de Filosofía, 63,* 203-222. https://doi.org/10.12795/themata.2021.i63.11

Belgrano, M. (2021b). Access to Being: Elitism in M. Heidegger's Philosophy. *Revista Portuguesa de Filosofía, 77*(4), 1481-1498. https://doi.org/10.17990/rpf/2021\emph774_1481

Belgrano, M. (2023). *El oasis del arte en la filosofía de Martin Heidegger*. Editorial Sb.

Belgrano, M. (2025). Resistir la cicuta. La filosofía en las democracias contemporáneas. *Tábano*, (25), e8. https://doi.org/10.46553/tab.25.2025.e8

Berlin, I. (2000). *Cuatro ensayos sobre la libertad*. Alianza.

Butler, J. (2018). *El género en disputa. El feminismo y la subversión de la identidad* (2a ed. en Argentina). Paidós.

Casares, M. B. (2005). Nietzsche y el retorno romántico a la Naturaleza. *Estudios Nietzsche, 5*, Article 5. https://doi.org/10.24310/EstudiosNIETen.vi5.9223

CAUSA: Iñigo David Gustavo, Andrada Domingo Pascual and others s/ illegitimate deprivation of liberty and corruption (María de los Ángeles Verón), 23554/2002 (Sala II de la Cámara Penal de Tucumán 11 de diciembre de 2012). https://www.pensamientopenal.com.ar/fallos/35365-caso-marita-veron-privacion-ilegitima-libertad-promocion-prostitucion

Crisipo de Solos. (2014). *Testimonios y fragmentos. I, 1-318* (J. Campos Daroca & M. Nava Contreras, Trads.; 2ª ed.). Gredos.

Da Silveira justificó reducción de horas de Filosofía con que muchos "docentes no pueden leer un texto simple y entenderlo". (2023, septiembre 1). El Observador. https://www.elobservador.com.uy/nota/da-silveira-justifico-reduccion-de-horas-de-filosofia-con-que-muchos-docentes-no-pueden-leer-un-texto-simple-y-entenderlo--2023919256

Deleuze, G. (1990). *Pourparlers*. Les Éditions de Minuit.

Derrida, J. (1990). *Du droit à la philosophie*. Galilée.

Droit, R.-P. (1998). *Filosofía y democracia en el mundo: Una encuesta de la Unesco*. Colihue Unesco.

Dussel, I., & Caruso, M. (1996). Sobre viajes, exilios y pedagogías: La experiencia americana de Amadeo Jaques. *Anuario De Historia De La Educación, 1*, 39-57.

Eugenia, L. (2023, septiembre 21). *Elecciones 2023. Ambiente, ciencia y territorio: Entre el negacionismo, los extractivismos y las luchas populares*. La Izquierda Diario - Red internacional. https://www.laizquierdadiario.com/Ambiente-ciencia-y-territorio-entre-el-negacionismo-los-extractivismos-y-las-luchas-populares

Ferraris, M. (2019). *Posverdad y otros enigmas*. Alianza.

Frey, B. S. (2003). Publishing as Prostitution?-Choosing between One's Own Ideas and Academic Success. *Public Choice, 116*(1/2), 205-223.

Future of Life Institute. (2023). Pause Giant AI Experiments: An Open Letter. *Future of Life Institute*. https://futureoflife.org/open-letter/pause-giant-ai-experiments/

Han, B.-C. (2012). *La sociedad del cansancio* (A. Saratxaga Arregi, Trad.). Herder.

Han, B.-C. (2023). *Vida contemplativa. Elogio de la inactividad* (M. Alberti, Trad.). Taurus.

Heidegger, M. (2007a). *Hitos* (H. Cortés & A. Leyte, Trads.). Alianza.

Heidegger, M. (2007b). *Seminarios de Zollikon* (Y. Xolocotzi Ángel, Trad.). Jitanjáfora Morelia: Red Utopía.

Heidegger, M. (2012). *Caminos de bosque*. Alianza.

Heidegger, M. (2017). *Cuadernos negros. Reflexiones VII-XI (1931-1938)* (A. Ciria, Trad.). Trotta.

Horkheimer, M. (2003). *Teoría crítica*. Amorrortu.

Hui, Y. (2023, junio 30). ChatGPT o la escatología de las máquinas. *Caja Negra*. https://cajanegraeditora.com.ar/chat-gpt-o-la-escatologia-de-las-maquinas/

Identidad de Género, 26743 (2012). https://servicios.infoleg.gob.ar/infolegInternet/anexos/195000-199999/197860/norma.htm

Iñigo David Gustavo, Andrada Domingo Pascual, González Sofía De Fátima, Medina Myriam Cristina, Derobertis Humberto Juan s/ illegitimate deprivation of liberty and corruption, 23554/2002 (Corte Suprema de Tucumán 17 de diciembre de 2013). https://www.cij.gov.ar/nota-12751-Caso-Marita-Ver-n--fallo-de-la-Corte-Suprema-de-Justicia-de-Tucum-n.html

Jacques, A. (1998). Sobre la enseñanza pública de la filosofía. En P. Vermeren, *Amadeo Jacques. El sueño democrático de la filosofía* (pp. 149-160). Colihue.

Javier Milei propuso privatizar el Conicet: "¿Qué productividad tienen? ¿Qué han generado los científicos?" (2023, agosto 16). *Infobae*. https://www.infobae.com/politica/2023/08/16/javier-milei-propuso-privatizar-el-conicet-que-productividad-tienen-que-han-generado-los-cientificos/

Jonas, H. (1995). *El principio de responsabilidad. Ensayo de una ética para la civilización tecnológica*. Herder.

Kant, I. (1993). *Respuesta a la pregunta ¿qué es la Ilustración?* Tecnos.

La inteligencia artificial de Urtubey. (2018, abril 13). *Página 12*. https://www.pagina12.com.ar/107412-la-inteligencia-artificial-de-urtubey

Lanata de Kusch, E. (2015). *Entrevista a Elizabeth Lanata de Kusch. «La biblioteca de Rodolfo Kusch está a disposición de quien quiera consultarla»* [Iberoamérica Social]. https://iberoamericasocial.com/entrevista-a-elizabeth-lanata-de-kusch-la-biblioteca-de-rodolfo-kusch-esta-a-disposicion-de-quien-quiera-consultarla/

Latour, B. (2000). On the Partial Existence of Existing and Non-existing Objects. En L. Daston (Ed.), *Biographies of Scientific Objects* (pp. 247-269). Chicago University Press.

Latour, B. (2004). ¿Por qué se ha quedado la crítica sin energía? De los asuntos de hecho a las cuestiones de preocupación. *Convergencia Revista de Ciencias Sociales, 35,* Article 35.

Lovelock, J. (2007). *La venganza de la Tierra: Por qué la Tierra está rebelándose y cómo podemos todavía salvar a la humanidad* (1. ed). Planeta.

Lyotard, J.-F. (1979). *Economía libidinal* (Rocío. Alberdi Alonso, Trad.). Saltés.

Magris, C. (2019). *Danubio.* Anagrama.

McIntyre, L. C. (2020). *Posverdad* (Tercera edición). Ediciones Cátedra (Grupo Anaya).

Montaigne, M. (2007). *Ensayos.* Acantilado.

Nietzsche, F. (1997). *Más allá del bien y del mal.* Alianza.

Nietzsche, F. (2007). *Correspondencia, II, Abril 1869-Diciembre 1874.* Trotta.

Nietzsche, F. (2011). *La genealogía de la moral ; El crepúsculo de los ídolos ; El anticristo ; Primeros opúsculos.* Gredos.

Nietzsche, F. W. (2008). *Sobre verdad y mentira* (A. Tzveibel, Trad.). Miluno.

Nogués, G. (2018). *Pensar con otros. Una guía de supervivencia en tiempos de posverdad.* El Gato y la Caja.

Nussbaum, M. (2010). *Sin fines de lucro. Por qué la democracia necesita de las humanidades* (M. V. Rodil, Trad.; Primera edición, tercera reimpresión). Katz.

Ordine, N. (2013). *La utilidad de lo inútil: Manifiesto* (1a ed.). Acantilado.

Pedace, K., Schleider, T., & Balmaceda, T. (2023). Inteligencia artificial y sesgos: El caso de la predicción del embarazo adolescente en Salta. *Revista Iberoamericana de Ciencia, Tecnología y Sociedad - CTS, 18*(53), Article 53. https://doi.org/10.52712/issn.1850-0013-359

Perczyk anunció nueva etapa del Programa de Becas Manuel Belgrano con una inversión de $21 mil millones. (2023, febrero 1). Argentina.gob.ar. https://www.argentina.gob.ar/noticias/perczyk-anuncio-nueva-etapa-del-programa-de-becas-manuel-belgrano-con-una-inversion-de-21

Pieper, J. (1970). *El ocio y la vida intelectual* (2a ed). Ediciones Rialp.

Platón. (2010). *Diálogos. República; Parménides; Teeteto* (C. Eggers Lan, Trad.). Gredos.

Platón. (2012). *Diálogos. Apología de Sócrates; Critón; Eutifrón; Ion; Lisis; Cármides; Hipias Menor; Hipias Mayor; Laques; Protágoras; Gorgias; Menéxeno; Eutidemo; Menón; Crátilo; Fedón; Banquete; Fedro.* Gredos.

Rand, A. (2009). *El manifiesto romántico.* Grito Sagrado.

Rand, A. (2021). *Filosofía: Quién la necesita.* Deusto.

Ratti, F. (2024, mayo 3). Rodolfo Kusch y su exilio: La confirmación de su identidad americana. *El Psicoanalítico.* https://elpsicoanalitico.com.ar/rodolfo-kusch-y-su-exilio-la-confirmacion-de-su-identidad-americana/

Regan, T. (2004). *The Case for Animal Rights.* University of California Press.

Rivera López, E., Abal, F., Rekers, R., Holzer, F., Melamed, I., Salmún, D., Belli, L., Terlizzi, S., Alegre, M., Bianchini, A., & Mastroleo, I. (2020). Propuesta para la elaboración de un protocolo de triaje en el contexto de la pandemia de COVID-19. *Revista de Bioética y Derecho, 50,* 37-61.

Russel, B. (2021). *Elogio de la ociosidad.* Edhasa.

Safranski, R. (2003). *Un maestro de Alemania: Martin Heidegger y su tiempo.* Tusquets.

Safranski, R. (2004). *Nietzsche: Biografía de su pensamiento* (2a ed). Tusquets.

Salamone, D. (2023, septiembre 25). *«Conicet tiene que premiar investigaciones necesarias; a veces los científicos buscamos temas sexy»—YouTube* (D. Iglesias) [Radio Con Vos 89.9]. https://www.youtube.com/watch?v=kSIqOtz4Pzw&ab_channel=RadioConVos89.9

Scimago. (2024). *Research and Innovation Overall Rankings-Philosophy-Latin America 2024.* https://www.scimagoir.com/rankings.php?area=1211&ranking=Overall&country=Latin%20America

Segato, R. L., & Álvarez, P. (2016). "Frente al espejo de la reina mala". Docencia, amistad y autorización como brechas decoloniales en la universidad. *Versión. Estudios de Comunicación y Política, 37,* Article 37.

Séneca. (2022). *Consolaciones. Diálogos. Epístolas morales a Lucilio.* Gredos.

Serres, M. (1995). *Atlas.* Cátedra.

Simondon, G. (2008). *El modo de existencia de los objetos técnicos.* Prometeo.

Singer, P. (2018). *Liberación animal. El clásico definitivo del movimiento animalista* (Edición actualizada Segunda edición, ampliada, mayo de 2018). Taurus.

Stiegler, B. (2002). *La técnica y el tiempo. El pecado de Epimeteo* (Vol. 1). Hiru.

Stiegler, B. (2016). *Para una nueva crítica de la economía política. Sobre la miseria simbólica y el complejo económico-político del consumo* (M. Martínez, Trad.; 1a.edición). Capital intelectual.

Stiegler, B. (2018). Artificial Stupidity and Artificial Intelligence in the Anthropocene [Institute for Interdisciplinary Research into the Anthropocene]. *Institute for Interdisciplinary Research into the Anthropocene.* https://iiraorg.com/2023/10/18/artificial-stupidity-and-artificial-intelligence-in-the-anthropocene/

Suárez Tomé, D. (2022). *Introducción a la teoría feminista.* Nido de Vacas.

Tozzi, V. (2012a). El carácter perfomativo de la identidad. Análisis de tres avances en la legislación argentina. *Intersticios, 17*(37), Article 37.

Tozzi, V. (2012b). The Epistemic and Moral Role of Testimony. *History and Theory, 51*(1), 1-17. https://doi.org/10.1111/j.1468-2303.2012.00609.x

Universidad Pedagógica Nacional. (2014). *Manifiesto contra el asesinato de la filosofía en Colombia.* https://profesorvargasguillen.wordpress.com/wp-content/uploads/2014/09/manifiesto-contra-el-asesinato-de-la-filoso-fc3ada-en-colombia.pdf

Vattimo, G. (1990). Dialéctica, diferencia y pensamiento débil. En *El pensamiento débil* (pp. 18-42). Cátedra.

Vattimo, G. (2010). *Adiós a la verdad.* Gedisa.

Vermeren, P. (1998). *Amadeo Jacques. El sueño democrático de la filosofía.* Colihue.

El oasis del arte en la filosofía de Martin Heidegger

Mateo Belgrano

Páginas: 256
Tamaño: 22.5 x 15.5 cm
ISBN: 978-631-6503-42-8

El objetivo de este libro es contextualizar el problema del arte en el pensamiento de Martin Heidegger y analizar el lugar que ocupa el ensayo "El origen de la obra de arte" en su itinerario intelectual.

Para Heidegger, la obra de arte pone en obra la verdad, abre un mundo, funda historia. El arte, o más bien, el "gran arte", transforma cómo interpretamos la realidad, cómo le damos sentido a lo que nos rodea y a nuestra propia vida. En la historia solo se dan raros momentos en los que ciertas obras de arte transforman el mundo.

Ubicado en una instancia de transición, "El origen de la obra de arte" es un oasis, un lugar fértil, que le permite a Heidegger superar un proyecto que comienza a desertificarse, Ser y tiempo, para tomar los impulsos necesarios para revivificar su pensamiento, la filosofía del Ereignis.

Mateo Belgrano es Doctor en Filosofía por la FernUniversität in Hagen (Alemania) y la Universidad Católica Argentina y Magíster en Historia del Arte Argentino y Latinoamericano por la Universidad Nacional de San Martín. Cuenta con una beca doctoral del CONICET y se desempeña como Profesor Adjunto en Estética (UCA) y Profesor Adjunto en Introducción a la Filosofía en la Universidad Nacional de La Matanza. Director de la revista académica Tábano. Realizó estadías de investigación en Alemania e Italia. Autor del libro *El gesto criptográfico* (2022) y numerosos artículos en torno a la filosofía de Heidegger y problemáticas estéticas en revistas académicas.